面白いほどよくわかる！
他人の心理学

圖解 人際關係心理學

搞好人際關係，不用靠關係！

讀懂難以捉摸的人心，正面迎戰人際難題，
讓自己更受歡迎

日本知名心理學家
澀谷昌三——著

李建銓——譯

前言

我們經常想知道別人的心理，例如：「他在想什麼？」、「他這麼做的原因是什麼？」實際上，若能了解別人的性格或想法，確實能讓人際關係更加圓滑。

人類的個性會表現在想法和行為上。由於每個人個性不同，因此必須知道別人的個性，才能互相理解。因此，只要理解彼此的個性和性格，人際關係勢必也會好轉。無論是上司和下屬、情侶或是親子之間，為了營造良好的人際關係，最大的重點就是了解對方。

此時心理學知識就相形重要。心理學是解讀人類心理的學問，簡單來說就是憑藉「眼中所見的行為」，推測「心理動向」的研究。從他人的身體狀態及行為，我們能夠推測出他的心理，以及隱藏在心中的想法。

換句話說，我們可以藉由觀察來推測別人當下的心境，也能夠由行為和口頭禪得知對方的心理狀況。或者從他人過去的經驗及家庭背景來推測他的心理。各種領域的心理學，都能因應不同情況發揮作用。（⬇P14）

本書內容及用字遣詞淺顯易懂，以科學角度揭開人類的「心理構造」，同時由心理學觀點說明他人的想法。相信讀者們可以透過本書，了解人類在面臨各種場合採取的任何行動，都取決於心理因素。同時也能重新認識人類心理有趣及複雜之處。

澀谷昌三

目錄

第2章 由口頭禪及聊天話題得知他人心理

67～106

第3章 由行動及態度得知他人心理

第4章 由外觀得知他人心理

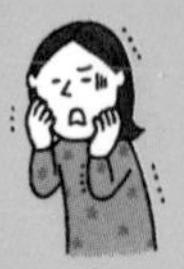

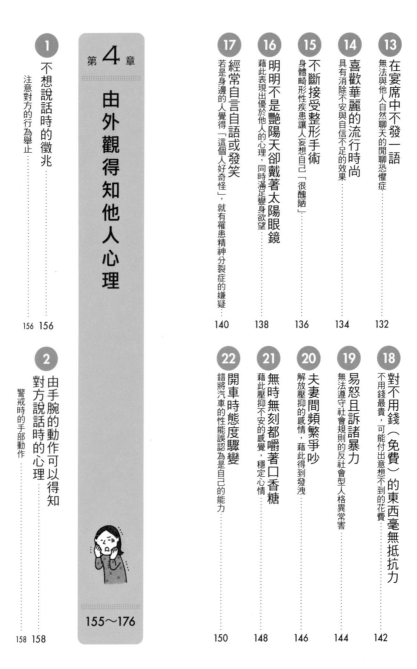

第5章 職場上的心理解讀

第6章 戀愛時的心理狀態

「他人的心理」實用法！

心理學小常識

利用心理學
解讀他人心理

心理學是一門研究語言、歷史、文化、技術等一切事物與人類內心的關係，進而解讀內心想法的學問。人類的心理，可依照各專業研究領域，細分為不同心理學。

心理學

基礎心理學

●心理學一般法則的研究 ●將焦點放在人類團體 ●研究方法以實驗為中心

發達心理學

（幼兒心理學
兒童心理學
青年心理學
老年心理學）

知覺心理學

社會心理學

學習心理學

（行動分析）

認知心理學

（思考心理學）

語言心理學

異常心理學

人格心理學

生態心理學

數理心理學

計量心理學

應用心理學

- 基礎心理學得到的法則與知識，對實際問題的幫助
- 重點放在個人

學校心理學

教育心理學

臨床心理學
（諮詢等）

產業心理學
（組織心理學）

犯罪心理學

溝通心理學

法庭心理學

環境心理學

災害心理學

家族心理學

健康心理學

運動心理學

交通心理學

宗教心理學

藝術心理學

性心理學

經濟心理學

政治心理學

歷史心理學

空間心理學

民族心理學

軍事心理學

從這些表現
可以解讀他人的心理！

當我們在看他人的行為時，總會覺得：「為什麼他會這麼做？」然而，人類的行為，大多時候都沒有特別的想法（無意識）。為了窺探無意識的心理狀態，我們可以觀察當事人身體行為透露的訊息，找出對方實際行動中隱藏的心理狀態。

行為

手部、臂部及雙腳、表情都是心理狀態的表現。請仔細觀察這些行為。

表情

從表情或笑容可以解讀對方的情感及深層心理。

視線

俗話說「眼睛會說話」，從雙眼也能推測出深層心理。

穿著

喜歡的顏色及髮型、衣服可以推測出性格、嗜好等心理狀態。

行為模式

例如一開車態度就有一百八十度轉變，或總是坐在靠門邊的位置，這些行為模式都能解讀出心理狀態。

口頭禪

無意識說出的口頭禪，也能推測出深層心理及性格。

PART 1

由心情及行為模式得知他人心理

I

指責他人

攻擊他人來消除挫折（Frustration）的行為模式

消除挫折的方法

在我們身邊，總有一、兩個人**動不動就喜歡指責他人**。

舉例來說，當這種人在工作上犯錯時，總會把自己的過錯放在一邊，卻用一些攻擊性的言語把錯推在別人身上，例如：「都是上司的指示不對」、「某人工作進度太慢，才會害我跟著出錯」、「客戶沒有跟我連絡」。這種人完全不會自我反省，只會大聲疾呼，主張錯不在自己。一旦我們和這種人扯上關係，其他人為了不受到牽連，大多不會伸出援手，只是靜靜地採取敬而遠之的態度。

依據心理學提到的**消除挫折**＊**的方法**，包括剛才舉例的那種人在內，我們可以把人分成三個種類。相對地，**外罰型**的人會把挫折的原因推到別人身上，**內罰型**的人會把過錯往自己身上攬，他們通常認為「失敗的原因在自己身上」、「自己不夠努力」。另外一種是**無罰型**，他們不會把挫折歸咎於他人或自己，只用一句「沒辦法」來解釋過錯。

內罰型的人容易罹患憂鬱症

剛才提到的例子，是將工作上失敗所受到的挫折，轉嫁到上司或同事身上，總之不會承認自己有錯，這種人就是典型的**外罰型**。這類型的人，面對家庭問題時，大多也會把責任轉嫁到其他家人，不明就裡地找對象發散心裡的怨氣。而他本人也因此

＊**挫折**（Frustration） 欲望受到現實環境阻礙而無法滿足的狀態，或是因為結果而產生不愉快、緊張、不滿等情緒。

不會感受到壓力累積，但是對其他人而言就是個麻煩人物。通常人們會覺得這種人**易怒**，而且**毫無責任感**。

另一方面，**內罰型**的人通常會得到**謙虛及責任感很強**的高評價，但**本人心裡卻總是積滿壓力**，是**罹患憂鬱症的高危險群**。**無罰型**的人最容易在社會上生存，但遇到問題時永遠都不會找出原因，就**放任問題處於曖昧不明**的狀態，因此會**不斷犯下相同的錯誤**。

了解自身的反應傾向

總的來說，我們無法斷言哪一種類型的人比較好。每個人的反應傾向，都會隨著外在對象轉化成外罰型或是內罰型，而且心理變化過程非常複雜，無法一概而論。

我們只能了解自己屬於哪種反應傾向後，找尋較適當的處世之道。例如，當我們觀察自己的行為舉止，發現自己似乎具有強烈的外罰型反應，就必須改掉一味責備他人的傾向。又或者發現自己具有內罰型或無罰型反應，也必須注意自己的行為舉止，適時地做調整。

心理學小常識

爭執的原因該歸屬何處？

另外有一個學說與「外罰型」、「內罰型」、「無罰型」這些分類很相似，就是「歸因理論」。這個理論依照人們面對爭執或不滿時，將原因歸屬何處，做為分類依據。

將原因歸咎於自己以外的周遭人們身上，這類型是「外向歸因型」。相對地，將一切歸咎於自己的態度、能力及性格等，這種人就是「內向歸因型」。這樣的分類方式，和「外罰型」、「內罰型」有重疊的地方。當遇到失敗時，外向歸因型的人絕對不會反省，因此總是會重蹈覆轍。

另一方面，內向歸因型的人，總是認為自己缺乏努力或能力，有過度反省的傾向。這種人經常把責任攬在自己身上，不擅長處世，心裡很容易累積壓力。

2 以他人的不幸為樂，嫉妒他人的幸福

透過比較，感到優越感和自卑感

別人的失敗就是我的快樂

「別人的失敗就是我的快樂」這是一句耳熟能詳的話，雖然聽起來叫人心裡發寒，卻又引起人們的共鳴，因此才會在街頭巷尾廣為流傳。當人們聽到「嫁入豪門的那個誰，最近離婚了」，或是「那個人生勝利組家庭的長男，因為順手牽羊進了警局」，相信許多人心裡都會浮現出不道德的愉悅感。這時人們大都會想：「好可憐哦」、「希望她能夠早日走出陰霾」，或是「我覺得他人不壞啦」，這樣的同情其實只是一種迷彩效果，用來隱藏幸災樂禍的心情。

在這樣的想法背後，其實是一種**優越的心理**——「和那個人比起來，我算是幸福的了」。特別是當一個人過去愈是意氣風發，當他失敗時人們更會想：「現在的我凌駕在那個人之上」，一股勝利感油然而生。即使是理性的正常人，也不免會有這樣的心態。人們平常聊天時喜歡問對方學歷或工作，其實也是愛比較的心態作祟。說穿了就是想在談話中，**找出對方的弱項，讓自己沉浸在優越感當中**。

嫉妒他人的幸福，是自卑心作祟

人們很容易在**與他人比較之中，決定自己的優劣**。同時，**自尊心***愈低的人，愈是有這樣的傾向。

嫉妒他人幸福的心情，也可以用相同的理論來說明。比方說我們聽到朋友要結婚的時候，心裡會想：「某某人長得美，身材又好，而且還找到一個

＊**自尊心** 一種自我肯定的心態，認為自己是具有存在價值，值得他人敬重。

人生勝利組的老公。反觀我自己，長得醜又沒男朋友……」就這樣陷入自卑的情境中。或是我們聽到同事升官時，不免會生氣地想著：「那傢伙只會逢迎拍馬，老闆竟然笨得看不出來」。

以上兩個例子，就是我們和別人比較時，感到自己不如別人，心裡受到自卑感刺激而產生的反應。

為了不受這種心態左右情緒，我們應該提升自尊心，更不要透過和別人比較來影響自己內心的悲喜。

如何消除自卑心態？

人們會透過和別人比較，得到優越感或自卑感。看到比自己不幸的人，心裡會有優越感；看到幸福的人，自卑感便襲上心頭。

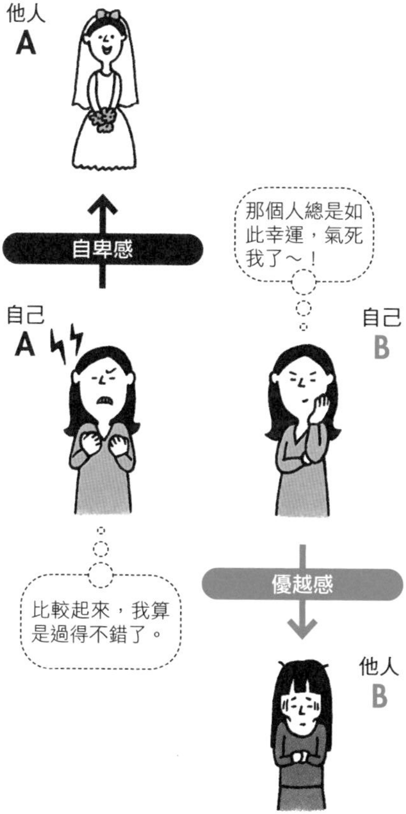

不要和別人比較，提高自我認同（提升自尊心），就能夠不受自卑感左右情緒。

3 看不起別人及誹謗中傷

看輕別人的價值，讓對方與自己站在相同立場

自卑感其實也有正面影響

我們都曾經和他人比較後，覺得自己不如他人，因此感到情緒低落。**自卑感（情結＊）是一種人類與生俱來的自然情感**，多數人每天都會因為自卑而感到苦惱。

雖然內心煎熬又痛苦，但也正因如此，我們才會有所成長。「不想輸給某人」這樣的心情，其實是功成名就的原動力。

另一方面，自卑感有時也扮演橋樑的角色，會讓人與人敞開心胸，開誠布公地對待彼此。因此，自卑感並不是完全只有負面影響。

為了消除自卑感而批評別人

不過，要是自卑感太強的話，就會陷入極度沒有自信的狀態，進而對任何事都提不起勁，而且有時也會成為妨礙正常人際溝通的原因。有一種心理狀態叫做**「批評心理」**，當我們遇到比自己優秀的人，為了消除心中的**自卑感**，就會想辦法降低對方的評價，把他拉到與自己平起平坐的地位。

舉例來說，同事A的企劃案得到上司賞識的時候，我們就會這樣貶低他：「哼，那種程度的提案，到處都看得到嘛」，或是「A這個人就是會講話，所以他說什麼老闆都會相信啦」。這樣的心理背後，就是透過批評A，來消除自己不如他人的想法。

＊**情結（Complex）** 原本意指某種複雜情緒，但是在日文語境中，大多用在感到自己不如別人時的情緒，因此本文譯為自卑感（劣等感）。

像這種**喜歡批評他人**的心態，其實就是**受到自卑感影響**的表現。俗話說「會叫的狗不咬人」，就是指這種人。

但是，一味地沉溺在自卑感中，不但無法得到他人信賴，自己也不會有所成長。所以當我們對某人感到不服氣的時候，應該先反問自己為什麼會有這樣的反應，捫心自問是處世不可或缺的要領。

各式各樣的情結

情結一詞在日文中，大多是指自卑情結，但學界還有許多其他的情結。

戀母情結（Mother complex）

成年男性對母親抱持著不符年齡的依賴，同時內心對自己這種心態產生疑問與糾結的心理狀態。

白雪公主情結（Snow white complex）

母親虐待自己的小孩，明知不可為而為之的糾結情緒。

兄弟敵對情結（Cain complex）

兄弟間敵對心態的糾結。出處是《舊約聖經》創世紀第四章，該隱（Cain）與亞伯（Abel）兄弟間的故事。該隱嫉妒自己的弟弟亞伯，最後殺了他而被上帝放逐到伊甸東邊。

歐娜莉情結（Onari complex）

對異性的兄弟姊妹抱持性愛面的情感，並壓抑於內心深處。歐娜莉（Onari）一詞為沖繩方言「姊妹」的意思。

蘿莉塔情結（Lolita complex）

中高齡的男性對少女抱持性愛面的情感，並壓抑於心中。源自俄羅斯作家弗拉基米爾・納博可夫的著作《蘿莉塔》（Lolita；一樹梨花壓海棠）。

灰姑娘情結（Cinderella complex）

女性渴望男性幫助及保護，進而導致無法自己獨立的心理狀態。

4

在意一些芝麻小事

心裡反覆感到不安

強烈且持續的不安感

各位在外出時，會不會突然想起「剛才是不是忘了鎖門？」，對於一些無意識之間所做的習慣行為，在事後會擔心不已。然而，這種擔心有沒有鎖門的念頭，經常會讓人因為不安而回去再次確認而因此遲到，或甚至變成無法出門，可以說是一種**強迫症***。

強迫症（ＯＣＤ：Obsessive Compulsive Disorder）是**焦慮症的一種**。強迫症的症狀有兩種，一種是心裡反覆感到不安，造成痛苦情緒的**強迫觀念**；另一種是心裡一直有消除不安的衝動，進而強迫自己去做某件事情的**強迫行為**。這兩種症狀同時發生時，毫無疑問就是ＯＣＤ。

一般人心裡就算感到不安，也能很快將之遺忘。但ＯＣＤ病患會為同一件事，一再感到不安，因此無法阻止自己進行一些強迫行為。雖然病患本身也會覺得「自己是不是太堅持了？」，但還是無法停止這些堅持。病狀再嚴重些，甚至會妨害到日常生活，最後變成足不出戶的**繭居族**（⬇P116）。

經過治療有可能改善

強迫症還有其他症狀，例如隨時都想傷害他人的**攻擊性強迫思考**，相對的還有隨時都害怕**被人傷害的被攻擊性強迫思考**，另外一種是害怕自己無意間丟掉重要的東西，屬於**儲藏、收集性的強迫行為**。

＊**強迫症** 過去稱為強迫精神病，是一種精神性疾病。特徵是強迫觀念和強迫行為，壓力會加重病症，但經過藥物治療有可能改善症狀。

根據一九九四年在四大洲七個國家進行的調查結果發現，OCD病患不分人種，占這些國家人口總數約2%左右。目前病因尚不明確，有可能與血清素這種腦內神經傳導物質有關。

近年來針對OCD的研究極有進展，透過藥物治療能夠改善症狀，讓人重回正常生活。若是覺得自己有罹病可能，建議請先就近尋求精神科或身心科（心身科）診斷。

強迫症的典例病例

強迫症是內心不斷為同一件事感到不安，為了消除不安重覆做同一件事情的病症。以下介紹幾個常見的例子。

攻擊性強迫思考

過度害怕自己傷害他人，例如在月台上深怕自己不小心把人推下去。

對不潔事物感到不安

對骯髒感到不安，一直重覆清洗。例如一回家絕對要馬上洗澡，換掉全身上下衣服的人。

逃避行為

害怕自己出門又做出強迫症行為，進而採取逃避行為。經常擔心自己有沒有鎖門的人，最後很可能變成繭居族。

固執於正確性、順序

放東西的位置一定要左右對稱，排東西的時候絕對要排成一直線，或是十分在意放東西的位置。

5 總是說客套話

迎合對方企圖獲得好感

為什麼人們總說些客套話？

「你身邊總是有那麼多人，應該是做人很成功吧？」、「你的孩子那麼優秀，應該是你教得好吧？」，如果聽到別人這樣誇獎，任何人都會感到高興吧？而且很自然地就會**對誇獎自己的人抱持好感**。

如果對方是出自真心誇獎的話，那確實是令人高興的事情，但如果只是**奉承話**，我們就可以討論對方的心理狀態。

用心理學的術語來說，就是**迎合行為**。是一種**為了獲得對方好感的言行**，其中包括說些場面話，或是同意對方的意見等等。

又例如這麼說：「因為我是笨蛋」，發言時總是貶低自己的地位。其實說自己是笨蛋，只是一種表面行為，心裡面是盤算著**貶低自己，抬高對方地位的一種心理話術**。

再舉一個身邊常見的例子，就是「隨時保持笑容」。因為平常我們和沒有笑容而且嚴肅的人說話時，心裡都會害怕「他是不是在生氣？」，為了避免別人這麼想，我們選擇的迎合行為就是笑容。

另一方面，過度的迎合行為，反而會讓人感到不愉快。一聽就知道是裝出來的客套話或不自然的親切，有時會讓人覺得厭煩。這時候，對方也會發現「這個人想要討好自己」。要是做法太不自然，或許會造成反效果。

迎合行為的模式和相互關係

迎合行為有幾種模式，有些模式之間會有相互關係。

稱讚

說些客套話，讓對方覺得開心，這是最普遍的迎合行為。不過，要是講得破綻百出，可能會造成反效果。

自貶

相對於稱讚，有些人是貶低自己來提升對方的地位。有時候在自己的評價低落時，也會刻意貶低自己來迎合別人（➡P40）。

親切

注意他人的行動，總是記得照顧他人。

同意

聽完對方的意見，直接表示同意。這種從眾行為（➡P30）可以產生同儕共識，但如果總是表示同意，很容易被認為是個「沒有主見的人」。

6 受他人言行舉止影響

認為事情的結果是受到外在因素左右

什麼事情都聽天由命的心理

請各位回憶一下學生時代，你是做好充分準備去面對段考？還是用碰運氣的方式來猜題呢？

覺得事物的結果取決於自己努力與否的人，應該都會充分準備；相反的，容易被外在要因（運氣、老師的教法、題目的難易度）影響的人，就喜歡在考前猜題。心理學將前者稱為**內在控制型**，後者為**外在控制型**。

屬於**外在控制型的人**，**認為結果會因為外在因素而改變**，對周遭情況的變化十分敏感，容易隨波逐流，也容易受人影響。舉例來說，即使是考前猜題，也不是自己思考，而是跟朋友猜同一題。

失敗時，因為朋友也沒猜中，所以大家就很容易一起怪罪老師教的不好，為自己找藉口。因此，這種人不會為同一件事情煩惱，外表看起來沒什麼壓力的感覺。但是，在成功的時候，他們同樣認為是外在因素所致，所以很少有**自我效能的覺知**＊，而且沒有自信能夠開創自己的人生。

舉例來說，就像剛才提到段考的例子，升學和就業這種自己的事情，也會交給別人去決定，這就是外在控制型的特色。

＊**自我效能的覺知** 因為自己的努力而改變事物的感覺。由加拿大心理學家愛伯特 · 班杜拉提出。

外在控制型與內在控制型兩種人格

認為事情的結果是因為外在因素而改變的人，屬於外在控制型，認為自己的努力能夠改變結果的人，是內在控制型。

外在控制型人格

認為事情的結果取決於外在因素。

內在控制型人格

認為自己的能力和努力可以決定結果。

7 追求流行事物

和別人做一樣的事情

流行的形成原因

過去，快二十歲的女性間，曾流行過黑臉辣妹妝。這種稱為「黑臉」的特殊化妝，讓日本人和外國觀光客嘆為觀止，紛紛投以好奇的眼光。而現在化這種妝的女性團體，竟然完全消聲匿跡。

每當某種流行發起時，總會有不少人提出質疑：「為什麼這東西那麼受歡迎？」，這種一窩蜂現象，其實背後的心理因素就是**想和別人做一樣的事情**，正式名稱是**從眾行為**。只要聽到有人說：「某個名牌包銷量很好」，明明過去完全沒有興趣，卻開始覺得很喜歡，自己也買了相同產品，就是典型的從眾行為。

各種場合出現的從眾行為

從眾行為不僅引起流行，「在會議中，看到其他人都同意，即使自己覺得不對的事情，也會迎合眾人意見」、「在街上看到有人排隊，就跟著排看看是什麼好康」，這也是從眾行為引起的現象。

至今，世人仍覺得日本人在意他人眼光，所以容易從眾，但最近研究發現，這種現象並不只發生在日本人身上。

＊**追求差異化**　希望自己和他人相比，較優秀又獨特的心態。反義語是追求同一化，意指希望自己能夠融入所屬團體。

消費行為的心理

另外有一個用語和從眾行為有關，叫做「浪潮效應」（Bandwagon effect）。這種現象就是當媒體傳出某種流行資訊，那項流行就會更加盛行。順帶一提，Bandwagon這個字原意是指遊行隊伍最前排搭載樂隊的花車。

浪潮效應（Bandwagon effect）

〈關於流行事物〉

只要雜誌推出特別報導說「今年流行茶色」，看到雜誌的人就會購入茶色外套或靴子。

〈關於市場行銷〉

「很多人搶著買，一定是好東西」這樣的想法影響人們的行為。所以新商品推出的時候，就會利用這種效果，打出標語說「在年輕人之間大流行」。

虛榮效應

有一種現象和浪潮效應相反，就是當某種商品因流行而大量在市面上流通時，該商品的本身價值就會下降，這叫做「虛榮效應」。此時，有一群追求差異化＊的消費者，就會了解限定商品的價值所在。

8

競爭心強烈，急性子

因壓力而導致心肌梗塞及心絞痛的機率極高

A型人格容易罹患心臟疾病

各位認為心肌梗塞及心絞痛等心臟疾病的成因是什麼？雖然多數病例都是由高血壓和肥胖引起，但最近的研究發現，其實**A型人格**＊會比較容易罹患心肌梗塞和心絞痛。

A型人格的特徵，首先是**一旦設定目標，便會精力旺盛地積極工作**。這種人要是同時做許多工作，被時間追著跑的話，就會變得**沒耐心，很容易心浮氣躁**。而且**在意他人對自己的評價，心裡經常感到壓力**。

這種人**競爭意識強烈，具有攻擊傾向**。他們因為熱衷於工作，通常都能出人頭地，但不少人都因為罹病而影響到工作。把眼光放長遠來看，他們的人生或許不能算成功。

A型人格容易罹患心臟疾病的原因，目前雖然還不明確，但一般認為與壓力有關。

另外還有一種人格特質和A型人格相反，叫做**B型人格**，這種人**我行我素但不具攻擊性，心情總是很輕鬆**。相較於A型人格，罹患心臟疾病的機率只有一半。

C型人格容易罹癌

最近還發現**C型人格**容易罹患癌症。這種人的特徵是，**一絲不苟的認真、犧牲小我、忍耐力強、穩重且體貼他人，也就是所謂「乖寶寶」類型的人**。

＊**A型人格**　一九六〇年代，由美國心臟病學家傅利曼與羅森曼制定，一種容易得心臟病的性格。

這種性格在日本是一種美德，但因為長期**壓抑負面情感不表現出來**，心裡慢慢會累積壓力，對荷爾蒙分泌及自律神經造成影響，可能會降低免疫力。當身體的免疫力降低時，就會增加罹癌風險。

癌症的病發原因十分複雜，無法斷言只有性格這個因素，但C型人格的性格或許是一種誘發因素。

性格特徵與身體疾病的相關性

平常總是精力旺盛地工作的人，卻突然有一天倒下辭世……。這樣的事經常聽到，你是否曾想過這種情況發生在自己或家人身上？

A型人格

對達成目的有強烈欲望，是精力旺盛的行動派。競爭心、攻擊性皆高。同時處理多項工作時，做起事情來就顯得心浮氣躁。比起 B 型人格，罹患心臟疾病的機率高出兩倍。

↕

B型人格

我行我素但個性溫和，競爭心與攻擊性皆低。

C型人格

給人穩重的印象，一絲不苟的認真個性，對周遭事物體貼關心，忍耐力強，表面上不會顯露負面情緒。C 型人格的行為模式，會提升罹癌機率。

※A ～ C 型人格並不能涵蓋所有人。

9 喜歡自我吹噓

無法認同真實的自己

有些人不管別人在聊什麼，總會**把話題帶到自己身上**，而且他所講的內容，全都是一些**自吹自擂**的故事。

例如說：「要是少了他，之前那個專案也不可能成功」、「走在路上，經常都會被星探邀請加入事務所」。這些人所說的故事總是真假難辨，只會突顯自己的優點，宣稱自己很有魅力。

誇大自己的功績

聽久了之後，總有人會覺得厭煩，想要改變話題，但是那些人很快又會把話題轉回自己身上，又開始自吹自擂說個不停，讓人不得不客套地說：「好厲害哦」。不知道各位身邊是否有這種人？

這種**自戀型人格異常**的人，總是**把自己想像得太偉大**，以為自己和普通人不一樣，有別於旁人。總認為只有特別優秀的人才理解自己的偉大之處，但又渴求周遭的人給予讚賞，無法如願的時候就會亂發脾氣。

他們**不會設身處地為人著想，而且為了達成目的不惜利用他人**。而且這種人只關心自己，不認同別人的優秀之處，總是表現得狂妄自大。他們不接受真實的自己，以為自己必定是個發光發熱的優秀人才，所以容易引發各種扭曲的精神狀態。

智商（ＩＱ）*高於常人、長相好看或是從小在讚美聲中長大，往往是造成這種人格的原因。

＊**智商（IQ）** 用來表達智力測驗結果的數值。以計算方法分為 IQ——就是「實際年齡和精神（智力）年齡的比」，還有 DIQ——代表「相同年齡層內自己的排名位置」。

測驗自己是否屬於「自戀性人格異常」

合乎下述情形五項以上的人，即可能患有自戀性人格異常。

- [ ] 覺得自己比其他人重要，把自己想得比實際上還要優秀。

例
- 誇大吹噓自己的才能和功績。
- 明明沒有多大的業績，卻期待自己的優秀受他人肯定。

- [ ] 經常幻想自己擁有無止盡的成功、權力、才氣、美貌，或是理想中的愛情。
- [ ] 以為自己不同於一般人，有獨特的一面，只有特別的人，或是上流社會的人（機構）才能理解他的特殊之處。而且相信自己勢必會跟那類型的人（機構）站在同一個高度。
- [ ] 過分要求周遭的人給予讚賞。
- [ ] 毫無理由地以為自己擁有特權（總以為情勢對自己有利），或是以為每個人都會照自己所期望的去行動。
- [ ] 把別人當做工具來利用（為了達成自己的目的而利用他人）。
- [ ] 不管他人的心情或需求，而且對自己的冷血毫無自覺（不會設身處地為他人著想）。
- [ ] 經常嫉妒他人，總認為別人嫉妒自己。
- [ ] 行為和態度有自大傲慢的傾向。

改編自美國精神醫學會發表的「精神疾病診斷與統計手冊」（DSM-IV）

10

隨時都想和別人在一起

如果過於強求親切感，將比一般人感受到加倍的不安與孤獨

親和需求是一種自然欲求

有些人**無論何時都想組成小團體，或者想和別人在一起**，女性比男性更具有這樣的傾向。舉例來說，學生時代經常和合得來的一群朋友共同行動，甚至還會一起相約去上廁所。出社會工作後，也會跟同一群人去吃午餐或喝下午茶。當上媽媽之後，也會和同是家庭主婦的朋友們聚在一起聊八卦……。這種無論何時都想和別人共同行動的人，在心理學上稱為**「高親和需求」**族群。

親和需求的意思就是想要和別人在一起的心情，不管是朋友還是情侶之間，思念的心情都是一種親和需求。人類是群居的動物，而親和需求是極為自然的欲求，每個人的需求程度都不一樣，一般來說，女性的親和需求高於男性，而長子*、獨生子（女），以及擅於社交的人特別明顯。

另外，當人們感到**不安或是恐懼時，親和需求的程度就會愈強烈**。二〇一一年，東日本大震災發生後，婚姻介紹所的生意突然間大幅提升。過去認為單身比較輕鬆、愉快的人，可能受到震災影響，變得想要找個人一起生活。

親和需求有時會帶來負面效果

高親和需求的人，善**於社交和協調，他們的長處是緩和現場氣氛，但有時候在商務場合會帶來反效果**。例如，當高親和需求的人擔任管理職，他對下

＊**長子** 第一個孩子，在日文中不論性別都稱為長子，但一般還是用於男孩子。相對地最後一個孩子稱為「么兒」。

屬的評價標準，就會把私交放在能力之上。結果會使得多數下屬無法得到公平的對待，或是在面對私交友好的下屬時，無法直接指責對方的過錯。

再者，**親和需求太過強烈的人，在心裡的欲求無法得到滿足時，不安和孤獨的感覺會比常人高出一倍**。有些人才剛分手，就因為忍不住寂寞，隨便找一個人來交往，這也是親和需求強烈所致。讓我們檢視自己的行為，若是發現有符合以上描述的現象，平常就謹記於心，這麼一來，行為舉止也會有所改變。

高親和需求的特徵

親和需求意指想和別人在一起的心情，是人類的自然需求之一，但若是對此需求過於強烈，容易變得無法獨自行動，最後衍生出種種問題。

- 喜歡打電話、寫信。
- 在友好的情況下，會經常和對方四目相接。
- 經常要求他人承諾。
- 遇到和他人意見相左時，會表現出強烈的拒絕反應。
- 在接受他人評價的場合，容易變得不安。
- 交朋友的時候，重視親切感更勝於對方的能力。

※日本人的特徵是對朋友的親和需求比家人還要高。

11 企圖避免爭議

創造出過度強勢與不健全的交流關係

現代人溝通不良的現象

應該沒有人喜歡爭執，多數人都希望生活和平安穩。但是，如果這樣的心情太過強烈，就會**一味避免衝突，以致於無法與他人正常溝通**。結果，就形成一種**溝通不良的關係**。

現代人和他人之間，甚至是夫妻間、親子間，都存在這種不健康的關係。

在此，我想和各位聊聊德國哲學家**叔本華***提出的一個寓言故事。

寒冷的冬天裡，有兩隻豪豬為了取暖而依偎在一起。但是，靠對方太近時，彼此就會被身上的尖刺傷害，但離得太遠又會感到寒冷。經過一番折騰，兩隻豪豬終於發現不會傷害彼此，又能夠相互取暖的距離。

美國的精神分析醫師佩拉克，稱這種現象為**豪豬兩難說***（Porcupine's dilemma）。當我們在討論現代人的人際關係時，這個故事十分具有啟發性。

反覆試探後，得到適當的距離

多數的現代人心裡都會有一種矛盾的感覺，就是想要和別人溝通，卻又害怕與人對立而受傷，最後變得無法和他人取得適當距離。因此，心中的挫折感就愈發嚴重，最後演變成暴力傾向，因為這樣的緣故招致傷害案件的新聞也時有耳聞。

當我們在思考與別人的關係時，若是感到似乎陷

＊**叔本華**　全名是亞瑟・叔本華（Arthur Schopenhauer；一七八八～一八六〇），德國哲學家。在日本，森鷗外、堀辰雄、萩原朔太郎等人皆受其學說影響。

豪豬兩難説

即使會造成衝突，也不能放棄與人溝通。

1 寒冷的冬天，兩隻豪豬為了取暖互相依偎。

2 身上的尖刺傷害彼此。

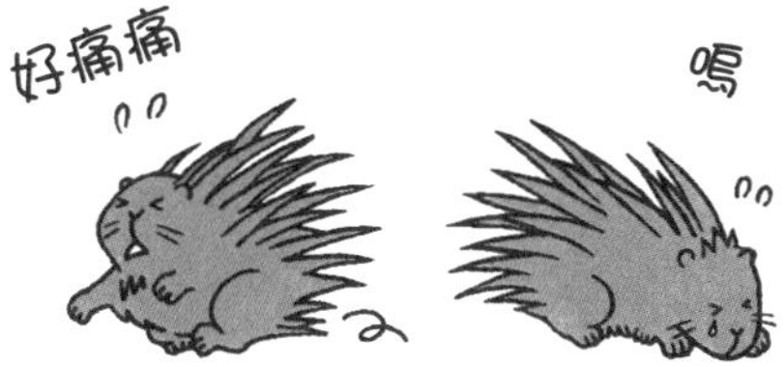

3 離得太遠，寒意襲來。

4 反覆試探之後，終於找到適當的距離。

入豪豬兩難的情況時，其實也可以開門見山說出心裡的想法。雖然這麼做有可能會發生衝突，但這是良性溝通的必要手段。

豪豬也是反覆試探後，才找出彼此間的適當距離。「不想受傷又期待良性溝通，是不可能的事情」，只要了解這個道理，今後在處理人際關係時必定會有幫助。

＊**兩難（Dilemma）** 被困在相對的兩件事情之間，面對兩個無法共存的選項，因而無法動彈。另一個類似詞彙叫「三難」（Trilemma）。

12 過度貶低自己

奉承他人，企圖獲得好感的迎合行為

「因為我是笨蛋」這句話背後的意思

有些人很喜歡說：「因為我是笨蛋」，他們**動不動就會貶低自己**。但多數的情況只是違心之論，單純只是自貶身價而已。這種人**刻意貶低自己，是為了抬舉對方，企圖博取好感**（**迎合行為**➡P26）。

實際上，聽到女性撒嬌地說：「人家是笨蛋嘛」，許多男性心裡不免會想：「真是拿妳沒辦法，看來我不出手幫忙不行」。

當人們一開始就說自己是笨蛋，其實是因為事後別人認為他是笨蛋時，自己比較不會那麼受傷，說穿了就是事前先打**預防針**。

過度貶低自己的人，其實**心裡都期待別人反駁**：「別這麼說，你才不是笨蛋啦」。對自己沒有自信或是以為別人反正不會誇獎自己（自我評價*過低）的人，通常會刻意貶低自己，並期待他人否定自己的說法，其實這是**維持自尊心**的一種做法。但是每次見面都說這種自虐性質的話，久而久之或許會讓周遭的人感到厭煩。

不管理由為何，會這麼做的人，其實是因為非常在意他人對自己的評價所致。

如何提高自我評價？

法國精神科醫師克里斯多弗・安德烈曾說過，**「他人怎麼看待自己」這樣的想法，是自我評價*的重要因素**。

＊**自我評價** 自己對自己的評價，反義語是他人評價。肯定形式的自我評價，也可以說是「自信」。

舉例來說，假設你現在成為某個專案的負責人，對於這件事情，有些人會肯定自己，心裡想著：「我一定要成為眾人信賴的負責人」；而也有人會感到不安，心想：「大家會不會對我成為負責人這件事感到不滿」。

面對事情採取的行動，取決於當事人的自我評價。自我評價高的人，即使面臨嚴苛的處境，也會相信自己有能力把事情做好。相反地，對自我評價過低的人，想法就比較悲觀，結果反而導致專案失敗，又讓自己的評價更加低落，陷入惡性循環。

倘若覺得自己對自我評價過低，甚至已經影響到生活品質，有一項訓練可以提升自我評價。

我們只要記得，別人並沒有如我們想像般地在意我們。不需要時時刻刻都和別人比較，只要專注於追求自己的成就感、滿足感和生活上的快樂，自然就能提高自我評價。

心理學小常識　自我評價過低，恐會引發憂鬱症

「自我評價過低」這只是一種性格上的特徵。但是，自我評價過低，而且否定自己的想法太過強烈的人，沒有力氣去改善狀況，就會陷入憂鬱狀態，時常聽到有人因此罹患憂鬱症。還有，自我評價過低的人，一旦患上憂鬱症，程度也會更加嚴重，難以回復正常。相對的，高度自我評價的人，為了維持評價必須不斷努力，一旦遭遇失敗容易沉浸在失意中，最後演變成憂鬱症。

另一方面，可能會與上述的情況混淆，「自我評價過低」也是憂鬱症的症狀之一。原本對自己評價頗高的人，罹患憂鬱症之後，就會變得自我評價過低。

13 任何事情都想依賴別人

渴求愛情與保護，過度從屬於他人

口頭禪是「我自己無法決定」

記得大學開學典禮的時候，有些同學由父母陪同參加，引起周遭人們指指點點。最近，不管是就業、轉職，甚至是婚後的生活，不少父母總會插嘴管事。這也難怪日本年輕人會被揶揄說永遠無法獨立自主。

前述的情況，要是兒女的依賴感再嚴重一點，可能就是一種病態心理，稱為**依賴性人格障礙**。

患有依賴性人格障礙的人，**對自己的適應力和精神力沒有自信**，心裡總認為「獨自一人，無法生存在這個殘酷的世界」，因此會**非常依賴親密的他人（如母親或配偶、戀人等）**。

「要是被平常依賴的人放棄，自己該怎麼辦？」，這些人心裡經常會有不安的感覺，所以他們不會對依賴的人表達自己的意見或價值觀＊。並且**把他人的需求擺在優先位置**，就算自己不喜歡這樣，卻也無法改變。再者，他們害怕聽到別人說「你自己一個人也沒問題」，導致自己從來沒有努力提升能力。他們總是表現得被動又無力，**透露出讓人覺得「不保護他不行」的訊息，希望藉此求得愛情與保護**。

他們總是相信別人比自己還要有能力，經常這麼說：「自己什麼事情也無法決定」、「不知道該怎麼做才好」，**希望從面對自己人生的整體責任中逃開**。

＊**價值觀**　對事物重要程度的判斷，或是事物的高低順位、嚴重性。是人們決定行動方針的重要因素。

「依賴性人格障礙」自我評量

合乎下述情形五項以上的人，即可能患有依賴性人格障礙。

- □ 即使是日常生活中的小事，若沒有多方詢問他人，並取得建議或保證的話，無法做出決定。
- □ 生活上所有大小事，都希望有人可以負起責任。
- □ 害怕失去他人的支持或信賴，不敢明確表達相反意見。
- □ 因為對自己的判斷及能力沒有自信，無法自己擬定計畫決定事情。
- □ 為了得到他人的愛情或支持，會勉強自己去做不喜歡的事情。
- □ 針對無法自理生活一事，感到強烈的恐懼和無力感。
- □ 結束一段親密關係時，會拚命去尋找另一段新關係，並期望對方照顧自己。
- □ 害怕被人忽視，甚至產生超乎常理的恐懼。

改編自美國精神醫學會發表的「精神疾病診斷與統計手冊」（DSM-IV）

父母過於干涉，導致兒女失能

這種人格障礙大多發生在女性身上，原因可能來自於父母**過於干涉**。當兒女想要獨立時，父母就開始責難，但只要兒女順從，父母便會倍加溺愛，這樣的教育環境將導致兒女沒有獨立自主的能力。

美國流行病學*調查發現，依賴性人格障礙的罹病率估計約為人口總數的1～2％。但是日本的情況不盡相同，由於日本的孩子在青春期之後與母親的關係還是很密切，推測罹病人口應該高於美國。

＊**流行病學** 這門學科以群眾為研究對象，調查疾病及傷害的發生原因與分布狀況。一開始主要研究傳染病，近年連公害與災害等問題也納入研究範疇。

14 不守規則，無法與身邊的人和平相處

具有破壞者與改革者兩種個性

喜歡惡作劇的問題人物

學生時期，班上總會有幾個**問題人物**。他們不遵守老師的指示，破壞秩序，喜歡惡作劇，時常耍些小聰明來設計別的同學。不過，有時候他們也會掉入自己設下的陷阱裡。這種人愛開玩笑，具有創造新遊戲的才能，因此並不會非常叫人討厭。

這樣的性格，我們可以用**搗蛋者**（Trickster）的觀點來分析。

搗蛋者的原義，是指**在神話或傳說故事中，破壞神界或自然界的秩序，在故事中到處搗亂，這種惡作劇角色統稱為搗蛋者**。

瑞士心理學家榮格，在著作《原型論》中提出，搗蛋者也是原型*之一，他認為這是一種極度主觀的性格類型。搗蛋者打破文化中的約定俗成，具備無秩序與無視框架的精神。日本人較為熟悉的例子，應該是吉四六*和孫悟空。另外還有居爾特神話裡的妖精潘克，希臘神話的普羅米修斯，北歐神話的洛克，在神話故事中可以找到不勝枚舉的代表性人物。

搗蛋者**具有兩種面向，在破壞秩序的同時，也會創造出一個新的文化**。藝術家大都是擁有搗蛋者人格特徵。

身為一個打破規律的人物，有時候也會順勢破除令人感到痛苦的現狀，因此身邊的人對搗蛋者的評價通常十分兩極。

＊**原型**（Archetype） 榮格提出的概念，認為身世不同的人，也會具備相同的象徵。其他原型還有母親、父親、陰影（Shadow）、阿尼瑪／阿尼姆斯、搗蛋者等。

機智的吉四六

著名的機智故事角色吉四六，是一位有智慧又幽默的人，也就是所謂的搗蛋者。以下介紹兩篇耳熟能詳的故事。

登天

吉四六為了整理自己的農田而傷透腦筋，於是他左思右想該如何整地，突然腦袋裡閃過一個妙計。他在田地正中央架起一座高聳的梯子，並且向村裡的人大肆宣傳說：「我要用這座梯子爬到天上去」。
登天當日，吉四六爬上梯子後，聚集在現場的村民們紛紛叫喊著：「危險啊、危險啊」，並且在田地上跑來跑去。每當吉四六在梯子上做出搖搖欲墜的模樣，村民們更是左右奔跑，打算接住他。
過了一陣子，吉四六說道：「既然大家都說太危險，那我就不要登天了」。語畢便回到地面。
結果呢，因為村民們在田地上東奔西跑，吉四六的農田變成了一片平整的好耕地。吉四六開心地說道：「這麼一來，我就可以種田了」。

看著柿子樹

吉四六小時候，家裡種了一棵柿子樹。
雙親為了不讓柿子被偷吃，總是會交代吉四六要看著那棵柿子樹，但吉四六自己也非常想吃柿子。有一天村裡的朋友來到家裡，他們慫恿吉四六摘柿子來吃，於是眾人便瓜分了樹上所有的柿子。
雙親從田裡工作回來，責備吉四六說：「不是叫你要看著柿子樹嗎？」但吉四六卻若無其事地說道：「朋友們把柿子都摘去吃了，不過我有乖乖聽你的話，一直看著那棵柿子樹啊」。

總結 搗蛋者在現實生活中大多是「叫人困擾的人」，但是在漫畫或是電影中，卻經常是極有魅力的角色。如《鬼太郎》裡的鼠男，《星際大戰》裡的恰恰・賓克斯，都是典型的搗蛋者。

＊**吉四六** 歷史上真實存在的人物，本名是廣田吉右衛門。出生於豐後國（現在的大分縣），其機智與一休、彥一齊名。民間流傳吉四六的機智故事多達約兩百篇。

15

經常希望引起注目

過度表現自己，想引起他人注意

無時無刻都想表現自己

各位身邊有沒有一天到晚只想著該怎麼吸引男性目光的女性？當然，如果是因為對單一男性有愛慕之意，這樣的行為自然無可厚非。但若是不管面對任何男性，都採取誘惑性的態度，這樣的人很可能已患有**做作性人格異常**＊。這類型的人格異常，就是病患會**像演員一樣**，**過度對周遭釋放自我表現的欲望**。罹病的男女比例大約是九比一。

這種人**必須經常處於被人注目的情境中**，一旦無法如願，便會對周遭的人惡言相向，轉為攻擊性的態度。再者，這種人**外向性十分強烈**，**無法確立自我認同**，**因此也很容易受到他人影響**。他們通常會強調肉體上的性感，對男性而言極具魅力，但談話後會發現他們其實言之無物，所以也常**會被認為是「無聊的人」**。他們在情感表現上十分誇張，經常會讓周遭的人覺得受不了，不管是男性或女性都對這種人感到厭煩。

本人不會為此苦惱而去就醫

做作性人格異常的人，有可能會犯下結婚詐欺等罪行。但是，這種病也可以說是與生俱來的性格所致，因此無法透過藥物或手術來治療。

雖然病患在憂鬱的時候，可以服用抗憂鬱藥，感到強烈不安的時候，可以服用減緩不安的藥物，但是否需要藥物治療，必須依個人情況而定。另外，

＊**人格異常**　和一般成年人比較起來，思考比較偏執，行為也較極端，是一種難以適應社會的精神狀態。

病患本人並不認為自己有問題，因此不會為此苦惱並尋求醫療協助。

和一般人比較起來，做作性人格異常的人大多**在成長過程中受到差別待遇**。正因為如此，他們心裡總是希望**「不要被忽視」**、**「想要被人保護」**，這樣的心情就造成他們極度希望引起他人注意。依此分析，找出當事人的長處並且加以誇獎，或許具有改善病情的效果。

「做作性人格異常」自我評量

合乎下述情形五項以上的人，即可能患有做作性人格異常。

- ☐ 當自己沒有受到注目時，心情就不愉快。
- ☐ 經常做出過度的性誘惑行為，或是挑釁行為。
- ☐ 很容易興奮，翻臉如翻書。
- ☐ 為了讓自己被關注，不斷利用身體上的外表魅力。
- ☐ 講話像在演戲，說話方式過於重視加深印象，卻沒有內容。
- ☐ 有時候會表現得像悲劇英雄，或是行為舉止像小孩。
- ☐ 很容易受到他人或周遭環境影響。
- ☐ 實際上並沒有很親近，但會經常做出裝熟的態度。

改編自美國精神醫學會發表的「精神疾病診斷與統計手冊」（DSM-IV）

16 總是認為「反正別人會做」

團體行動中，無意識間會偷懶

處於愈大的組織就愈容易偷懶

各位是否有這樣的經驗？在人數眾多的會議中，總是同樣幾個人在發言。但是保持沉默的人並不是就沒有自己的意見，在人數較少的會議中，這些人通常會踴躍發表意見。

為什麼這些人**在人數眾多的場合會保持沉默**，原因是他們「不想受到注目」。另外，由此還可以看出他們心理層面的想法，就是**「反正別人會發言就好了」**。

我們都知道，**一般人在集體行動或共同合作時，在無意識之間就會偷懶**。當一個集團愈龐大，就會讓人覺得「其他人會做，我不用出頭」，因此每個人發揮的力量就會愈小。這就是**社會惰化**，也就是所謂的**林格曼效應**＊（Ringelmann Effect）。

例如說，兩個人一起搬運沉重的行李時，當其中一個人偷懶，另一個人就會承受不了重量，原本平衡的狀態就會崩壞。因為這是人們在無意識間就了解的道理，所以搬東西的兩個人都會努力出力搬運。

然而，當十個人一起搬東西的時候，我們會看到除了自己之外還有九個人，這時心裡就會想「就算自己不努力，反正最後也會完成任務」。或是說在年終大掃除的時候，有些人表現得好像很投入，但其實並沒有做什麼事情，就是因為心裡在無意識中有這樣的打算。我們經常聽到人們說：「大家同心

＊**林格曼效應**　約一百年前，德國心理學家林格曼（Maximilien Ringelmann）發現這樣的現象，因此命名為林格曼效應。

協力一起努力吧」，實際上當工作人數愈多，工作效率就愈是低落。

明確訂定責任歸屬

為了預防前述的情況發生，我們必須**減少團體中的人數，並且明確訂定責任歸屬**。例如，如果是只有兩個人的團體，本來就很難偷懶。因為要是自己不做的話，就只剩下另一個要做。所以把兩個人放在同一個部門，再劃分彼此的工作責任，就能夠創造出高效率的工作環境。

林格曼所做的實驗

實驗方法 讓多數人拉一條繩子，以及一個人單獨拉繩子，分別測量出力的程度。將一個人拉繩子的力量設定為100%，隨著人數不同，出力的變化如下表所示。

拉繩子的人數	出力比率
一人	100%
兩人	93%
三人	85%
⋮	⋮
八人	49%

實驗結果

- 當團體內人數增加時，每個人的力道就會減弱。由此我們可得知，當人數達到八人時，力道會減少至一個人時的一半以下。
- 除了拉繩子之外，林格曼還利用「大聲喊叫」及「大聲拍手」等行動進行相同實驗。得出的結果也是一樣，當團體中的人數增加時，每個人的出力和音量都會變小。

17

想被所有人喜歡

表露自己的弱點，拉近與他人的距離

利用自我揭露來博取好感

在我們生活周遭總會有些受歡迎的人，為什麼他們會那麼受歡迎呢？

或許是因為個性開朗，或是擅長照顧他人，或是說話風趣，原因可說是千百種。但有時候我們會發現原本土裡土氣又不顯眼的人，竟然在不知不覺中成為被人包圍的對象。

心理學上有一個詞彙叫做**自我揭露***，意思是說將自己的意見、興趣、家庭、工作、性格、身體特性，**以帶有示弱的姿態一五一十說出來的情況**。**自我揭露不但可以博取對方的好感，也能夠讓對方也想要自我揭露，這稱為「自我揭露的回報性」**。

簡單來說，就是「要讓對方敞開心胸，首先自己要先開誠布公」。

然而，要是對一個剛認識不久的人吐露嚴重的煩惱，反而會讓人退避三舍，因此必須**注意彼此之間的關係選擇性自我揭露**。而有些人因為拿捏不好距離，就採取最簡單的方法，將自己的內心完全封閉起來，但這麼做又會給人「總是自我孤立」、「不擅長與人交際」的印象。其實我們一開始只要從自己的興趣或家庭成員聊起，再漸漸加深揭露的內容深度。

再者，**自我揭露的一方，很容易讓傾聽的一方產生好感**。而當我們吐露心事時，是不是會覺得對方願意聽我們說話，並且接受我們脆弱的一面，於是

＊**自我揭露**　用語言將自己的感情或經驗傳達給他人。一般來說，和男性比較起來，女性較為深諳此道。

進而對那個人產生親切感？

總之，自我揭露這個行為本身就是加分作用，而且很容易讓人也跟著敞開心胸，因此受人喜愛也說得過去。

同時，傾聽別人說話也很重要，這並不是困難的一件事。光是這麼做，就算自己沒有什麼過人之處，自然也會讓人容易親近。在你的周遭，應該也有一位到兩位這種受歡迎的人吧。

成為情侶的過程

為了和別人更加親近，彼此之間自我揭露是不可或缺的過程。透過將自己脆弱的一面呈現在他人面前，可以拉近兩人之間的距離，這樣的經驗我想每個人都曾有過。

1 向對方坦白自己的隱私，包括脆弱的一面或是不想讓人知道的事情。
（自我揭露）

2 對方會產生「被人信賴」的感覺，進而轉化為好感。

3 接著對方也會開始自我揭露。
（自我揭露的回報性）

4 兩人愈來愈親密。

18

在狹窄的地方就覺得心情平靜

胎內記憶與子宮鄉愁

你是否懷念胎兒時期？

各位一生中最初的記憶是什麼呢？是被母親責罵？還是迷路的經驗？

答案應該因人而異，但多數人最久遠的回憶大約落在三歲前後。幾乎所有人都不記得之前發生過的事情。然而，有一部分的人們會保有胎兒期或出生時的記憶。各位或許曾在電視節目上看過，這些保有**「胎內記憶」**的人們表示，當時的情況是「陰暗又溫暖」。

暫且不論這些人是否下意識記得這些事，但學界已經確定**人類確實保有胎兒期的記憶，平常存放在潛意識心理結構中，偶爾會以子宮鄉愁的形式出現**，這種情況稱為**「子宮回歸願望」**。

因此，有些人喜歡狹窄、昏暗又溫暖的地方，就是因為那種場所會讓人聯想到子宮，這樣的傾向就可以用子宮回歸願望來說明。

舉例來說，有些小孩子會把自己包在毛毯裡尋求安心感，或是喜歡在壁櫥裡或家具縫隙這些狹窄的地方玩耍，這樣的心理狀態就是因為懷念胎內時期所致。

雖然目前關於子宮回歸願望的種種，尚未得到實證*，但是暫且不論這一點，以一般的情況來說，有些人喜歡躲在狹窄陰暗的場所，這樣的嗜好並不算罕見。

＊**實證（Evidence）** 藉由多次實驗或問卷，由結果得出科學根據，行為心理學十分重視實證。

由睡相得知心理與性格

美國精神科醫師山謬·丹凱爾（Samuel Dunkell）指出，人的性格和精神狀態會呈現在睡相上，一共分成四個種類。

胎兒型

全身縮成一團
像胎兒般的睡姿

對旁人警戒心極強，將自己封閉在想像的殼中，但另一方面依賴心又非常強。同時又害怕與人相處時會發生磨擦，對此煩惱不已。

半胎兒型

側身睡姿，
像是要保護內臟
般地蜷曲起身子

在生活中能夠保持常識性的平衡，富有協調性，最容易適應社會上的壓力。

趴睡型

臉部與身體朝下的
睡姿

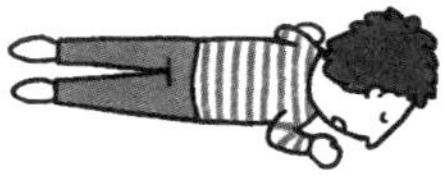

一絲不苟的保守個性，平常一本正經而且不允許別人犯錯，內心容易累積壓力。

國王型

呈大字形仰睡

人格安定，自信心極強，個性開放，身段柔軟。經常以自我為中心，這類型的人大多在倍受寵愛及優渥的環境長大。

19

狂熱的支持者

對團體與自我一視同仁

對團體的評價高於實際狀況

日本在經濟高度成長時期，有一種類型的人被稱為「**猛烈型社員***」，指的就是棄家庭於不顧，將一切獻給公司的受薪階級員工。他們曾經被喻為撐起日本的企業戰士，但是在泡沫經濟崩壞之後，隨著社會情勢變化，職場上幾乎看不到以這種心態在工作的人。

為什麼當時的受薪階級對公司的忠誠度會那麼高？這種現象可以用「**團體同一性**」的心理狀態來說明。**當一個人隸屬於某個團體中，喜歡上那個環境之後，就會對該團體產生依賴的情感或親密之情，更甚者會對團體奉獻一切，並以此做為喜悅的根源**。這些人會積極投入團體的價值觀及規則，最後內心狀態就變成「**團體＝自己**」。

總之，就是把團體和自己視為相同個體，同時這些人也會**對團體做出高於實際狀況的評價**。猛烈型社員會把公司這個團體與自己同化，為了工作和公司，粉身碎骨，在所不惜。

自我認同的根據地

每個人都一定隸屬於某個團體，而且會把那個團體做為**自我認同***的根據地**，在許多場合都會做出**團體同一性**的行為。宗教團體就是最好的例子。

還有對棒球及足球**狂熱的愛好者**也是一樣，他們會把自己融入支持的隊伍中，一旦該隊輸球，他

＊**猛烈型社員**　「猛烈」一詞，是一九六九年經濟高度成長時期，丸善石油（現為 COSUMO 石油）在廣告中使用的標語。

們就會感受到好像是自己戰敗一般的屈辱感。該球隊贏了的時候，他們心中的喜悅與榮耀自然不在話下。不同隊伍的愛好者之間，會為了比賽輸贏起爭執，甚至演變成傷害事件。

另外，沒有獻身給公司，或是沒有特別喜愛棒球的人，也會因為自己的母校出過幾個名人而感到驕傲。在同一個團體中，若是出現一位優秀人士，同團體的人在面對外人時，心裡也會浮現出一股優越感，這也是某種形式的團體同一性。

團體同一性的典型範例

對自己所屬的團體抱持著依賴情感與親切感，不久後內心產生「團體＝自己」的感覺，這就是團體同一性。這類型的人主要特徵就是對該團體做出高於實際狀況的評價。

將自己和公司視為一體

將自己和公司視為一體，為工作奉獻一切而不顧家庭。在終身雇用的時代，這樣的工作態度是件好事，但是在泡沫經濟崩壞之後，為公司付出所有，最後卻只會落得被裁員的下場……。

將自己和棒球隊視為一體

對某一支棒球隊狂熱的球迷，會把自己視為球隊的一份子。球隊輸球時，就會感覺好像是自己輸球一般的屈辱感。

＊**自我認同**（Identity）　心理學上譯為「自我認同」，意指內心對於自己是何人，該做什麼事情所保持的一種概念。由德國心理學家艾利克 · 艾利克森（Erik Homburger Erikson）所提出。

20 喜愛占卜及心理測驗

面對曖昧又平凡的占卜結果，誤以為完全命中自己的情況

對占卜語言無防備的人必須注意

我們經常會在雜誌或電視節目上看到一些占卜或是心理測驗的單元，以輕鬆的心情來看待的話，倒不是什麼大問題，不過有些人會把這種測驗結果看得太重。

「或許你自己沒有發現，但你有相當固執的一面哦」、「你是否對人際關係感到煩惱？」，這些都是占卜師會說的話，或是心理測驗常見的結果，對於這類說詞深信不疑，進而左右心中喜憂情緒的人，就是**容易受到占卜和心理測驗影響的類型**。老實說，這種人大多**對他人所說的話沒有防備**，遇到心懷不軌的人，便會輕易地言聽計從。

以占卜為例，這世上本來就很少人完全沒有固執的一面，再加上先說一句「或許你自己沒有發現」，就會讓人心想：「我以為自己並不固執，該不會是自己沒發現而已」。

另外，在現實世界裡，根本就沒有人在人際關係上完全沒有煩惱。總之，就是**將可以套用於一般人的情況，用「占卜」式的語言來包裝**而已。把這些說詞當做準確切中自己性格的現象，在心理學上稱為**巴納姆效應***。

巴納姆效應還有一項特色，就是輕易相信肯定式訊息，但不喜歡接收否定式訊息。

＊**巴納姆效應（Barnum effect）** 一九五六年由美國心理學家保羅・米幽（Paul Meehl）命名，藉以向馬戲團大師費尼爾司・泰勒・巴納姆（Phineas Taylor Barnum）致敬。

針對巴納姆效應所做的實驗

巴納姆效應是美國心理學家伯特蘭姆・佛瑞（Bertram Forer）進行人格測驗後所提出，因此也稱為佛瑞效應。佛瑞所做的實驗如下所示。

實驗方法 **首先針對學生的性格實施心理測驗後，並對他們說：「這就是你的分析結果」。**

- 你希望受到他人喜愛與稱讚，但是卻有自我批判的傾向。
- 當你遇到自己不擅長的事物時，普遍都能克服。
- 你有許多潛在能力，但是平常沒有展現或完全發揮出來。
- 你看起來很守規則並且具有自制能力，但是內心其實搖擺不定，容易有不安傾向。
- 有時候你會認真思考，自己是否做出正確判斷或採取正確的行動。
- 你喜歡某種程度的變化與多元性，面對規則限制或能力不及的狀況時，心中會感到不滿。
- 你認為具有獨立思考能力是值得感到驕傲的一件事，不會輕易相信沒有充分根據的意見。
- 你覺得對他人過度揭露自己的穩私，是一種不明智的行為。
- 你認為自己個性外向、擅長交際而且態度親切，卻同時具有內向、過度謹慎及想得太多的一面。
- 你的願望幾乎都難以實現。

對於以上陳述是否正確，要求學生分成五個階段評分，0 是完全不準，5 是非常準確。
最後得出的平均分數是 4.26，可以說是非常高分。但是，其實上述的分析結果，全都是佛瑞擷取星座占卜文章做成的陳述，而且每一名學生取得的陳述內容都一模一樣。

實驗結果 由此可知，將這些放諸四海皆準的陳述，冠上「心理測驗結果」的名義，就會提高人們的信任度。

21

總是像個小孩的男性

雖然已經成年，但行為和情感層面與小孩無異

彼得潘症候群

有些人個性倔強，但是不擅長提出自己的主張，也無法妥善處理人際關係，在職場上很容易遭人排擠。一旦遇到不順心的事情，就會影響到工作表現。回到家裡之後，便將心裡的不滿發洩在家人身上，甚至採取暴力行為。即使如此，卻又十分依賴雙親，想要撒嬌的時候就會盡情撒嬌……。

各位的生活周遭應該也有這樣的男性，他們**雖然已經成年，但行為和情感層面卻是以自我為中心，就像個小孩子**，這樣的男性稱為**彼得潘症候群***。

彼得潘症候群的男性，**精神層面尚未成熟、自我感覺良好**（Narcissism）、**沒有責任感、反抗意識強烈、容易發怒，而且總有些小聰明**。由於他們容易受傷，心理又不安定，**在就業等社會性活動中總是採取消極態度**。同時，就算參與社會活動，也無法善盡職責，最後被視為**對社會適應不良**的人。

再者，這種人**對性方面有特殊情結**，不擅長和現實世界的女性談戀愛，另一方面又容易被富有母性的女性吸引。

彼得潘症候群發生的原因，目前推測應該是教養不足、過度保護或過度干涉，以及因為被欺負產生的心靈創傷、希望從自卑感中逃避等，確切的成因還不明朗。也有研究指出這些人與**尼特族**及**繭居族**（➡P116）有許多共通點。

***彼得潘症候群**（Peter Pan Syndrome）　一九八三年由美國心理學家丹．凱利（Dan Keley）所提出，他的另一部著作《溫蒂窮境》（The Wendy Dilemma），則是描述擔任「彼得潘」母親這個角色的人。

如何預防小孩罹患彼得潘症候群？

彼得潘症候群是由丹・凱利教授所提出，他在著作中也羅列了「十條教養基本原則」，闡述如何預防及治療彼得潘症候群。

1. 溝通僅是預防措施，付諸行動才是最終的解決之道。
2. 規則分為「可以通融」與「絕不能讓步」兩種。
3. 只要孩子有做到「該做的事情」，父母就不應干涉。
4. 在第一時間給予合理的責備，孩子就不會重覆相同的錯誤。
5. 傾聽孩子抱怨。

6. 合理的限制與理性的規律，能夠讓孩子認識自己並擁有自尊心。
7. 父母必須貫徹信念來引導孩子，讓他們不會屈服於同儕壓力之下。
8. 孩子的堅強與想像力遠超過父母所認為的，因此不必緊盯著他做每件事，讓他們擁有輕鬆愉快的學習過程才是重點。
9. 家庭成員一同參與孩子的學習與遊戲。
10. 言教不如身教，以身作則才是最好的教育方式。

22 妄想與幻想的傾向

妄想是一種精神疾病，幻想是逃避現實

堅信不符合現實的事情

精神醫學領域對**妄想***的定義是**「堅信不符合現實的事情」**。

妄想的成因除了躁鬱症、憂鬱症、精神分裂症等精神疾病之外，也有可能是某種癲癇或失智症、藥物中毒等所引起。當病患產生妄想時，**即使提出證據證明他堅信的事情與現實不符，也難以讓他信服**。

舉例來說，假設某人妄想「自己得了不治之症」，即使把診斷書攤在他眼前，證明他的身體健康無虞，他仍舊認為「一定是誤診」。周遭的人們再怎麼強調他的妄想與事實不符，病患就是聽不進去。

為了讓自己安心而逃避於幻想之中

幻想是指**個人認知「與現實不符」**的情況，當工作遇到瓶頸，或是人際關係遇到問題等，在**面臨種種困難時，為了讓自己安心而沉浸在幻想的世界裡**。簡單來說，是**心理上的一種防衛機制**。

然而，這樣的**逃避傾向**會逐漸成為習慣，一旦遇到困難便逃進幻想世界，但問題仍舊沒有解決。這種人最後會被貼上「無法善盡本分」的標籤，在社會群體中的信用只會一直下降。患有幻想症的人，在完全無法適應社會生活之前，應該努力去面對問題，同時最好是尋求專業醫師協助。

＊**妄想**　有一點必須注意，心理學術語的「妄想」與日常生活所說的「妄想」並不相同。日常生活中提到「妄想」一詞，意義較接近於「幻想」。

各式各樣的妄想

典型病患會出現的各種妄現。

誇大妄想

對自己有過高的評價，相信自己擁有實際上不存在的地位、財產、能力。躁鬱症病患經常有這樣的傾向。

被害妄想

相信身邊的人總是帶有惡意想要妨礙自己，例如在事業或求職方面不順利的時候，就歸咎為他人的妨害或攻擊。精神分裂病患經常有這樣的傾向。

竊盜妄想

深信自己的東西失竊。失智症病患常有的傾向。

罪惡妄想

認為自己罪孽深重，一舉一動都對旁人造成困擾。這種傾向經常發生在憂鬱症病患身上。

疾病妄想

深信自己罹患重病。若確實患有某種疾病，則會悲觀地認為病情比實際情況還要嚴重。憂鬱症病患常有的傾向。

貧困妄想

即使生活並不匱乏，但是卻一直悲觀地認為自己非常貧窮，再不做改變，日子會過不下去。憂鬱症病患常有的傾向。

23 不服老的女性

不肯接受現實，導致精神疾病

如花似玉的抗老凍齡

目標客群是四十歲以上女性的高級化妝品廣告中，經常會看到「Anti-aging」這個詞彙。Anti 這個字首的意思是「反對」，而 Aging 這個字是「成長、老化」的意思，兩個字合成 Anti-aging 代表「抗老化」、「返老還童」。

在抗老化市場中，並不只有高級化妝品這項產品。另外還有全身美容、營養補充品以及玻尿酸注射、肉毒桿菌注射、拉皮、果酸換膚等，都是美容整形常見的醫療項目。不管哪一種，主要都強調具有讓皮膚緊緻、充滿光澤的效果，多數女性對此趨之若鶩。為什麼女性會如此在意自己的年齡呢？

女性在意年齡的原因

在日本，年輕女性總是倍受寵愛，而年長女性會受到蔑視，這樣的情況或許已成風潮。但男性隨著年齡增長，得到的評語則是「幹練的光輝」，也就是愈老愈有魅力；對女性而言，老成只是百害無一利的現象。

特別是年輕時因美貌享盡奉承的女性，一旦失去年齡優勢，容貌衰老之後，甚至連人格都會被否定，為此飽受痛苦。這也就是號稱能夠保有青春的抗老化市場大行其道的原因所在。

日本有一句詞彙用來代表這樣的女性心理，名為**老女優症候群**。長相甜美、充滿魅力的女明星，也免不了會年老色衰。然而，愈是對自己的美貌抱持

＊**精神病**　精神上的疾病，成因並非身體器官組織變化，病徵因人而異。一般是指輕微的恐慌症狀或強迫症。

強烈自尊意識的人，就愈是無法接受人終將衰老的自然變化，其中更有人因此用酒精麻痺自己，或是染上藥物中毒，陷入極為嚴重的**精神病***。

迎接充實的老年期

只要是人就一定會衰老，風華艷麗的容貌終將褪去，我們必須提早思考屆時該如何定義自己的價值，才能避免前述情況發生在自己身上。

女性因「容貌」所得到的價值，換做男性則是「體力」與「智力」。無論女性或男性，都不該沉浸於過去的輝煌歲月，能否坦然接受變老的事實，取決於「現在」過著什麼樣的生活。

心理學小常識　老女優症候群與更年期障礙

老女優症候群通常與女性更年期障礙一起發生，因此更年期的心理障礙有可能成為加重病況的導火線。

更年期障礙的成因有兩種，一是荷爾蒙分泌失常導致自律神經失調症（自律神經性更年期障礙），另一種是心理因素引起身心緊張，引發類似自律神經失調症的症狀（心因性更年期障礙）。一般來說，前者較常見，在診斷時很容易忽略心理因素而採取荷爾蒙治療，結果並無法改善病症。

導致心理狀況出現問題的原因非常多樣化，例如害怕自己容貌衰老而失去丈夫的愛，或是害怕孩子長大以後會離開自己。也有可能一開始是自律神經性更年期障礙，但因為周遭的人不理解，對病患表達不滿，進而演變成心因性。各位家裡若是有四十至五十歲的女性，請記得謹慎發言，即使是開玩笑也最好不要把「妳好像變老了」這句話掛在嘴邊。

看穿性格的方法

心理學將人類性格分成幾個種類。分類方法有類型論與特性論兩種，以下依類型論來做介紹，類型論是設定基準來將性格分類。各位可以觀察身邊的人，看看他們的性格是否符合分類。

克雷奇默的體型性格分類論

類型論最具代表性的分類法。是由德國精神醫學專家克雷奇默（Ernst Kretschmer）提出，他認為人的體型與性格，在某種程度上一定有關聯。

肥胖型
（躁鬱氣質）

開朗，擅於社交，饒富幽默感，給人溫暖的感覺，親切而容易接近。基本上喜歡與人交流，雖然平常看似容易親近，但是在情感面有缺陷，會突然陷入極度沮喪的憂鬱狀態。

消瘦型
（分裂氣質）

安分守己且行事謹慎，神經質又一絲不苟。富有理解力與觀察力，但是也有一意孤行的一面。不擅長社交，對身邊的事物毫不關心。

健壯型
（黏著氣質）

處事嚴謹且不屈不撓，個性頑固，正義感極強，話一說出口就沒有轉圜餘地。遇到不喜歡的事物就會發怒，同時也較容易興奮。

榮格的性格類型論

瑞士心理學家榮格依精神動力中的原欲（Libido）來區分性格，將原欲置於關心外在事物的人為「外向型」，相對地關心自身內心世界的人則是「內向型」，這兩個類型又可依人類內心的力量（心理機能）分成四種類型。

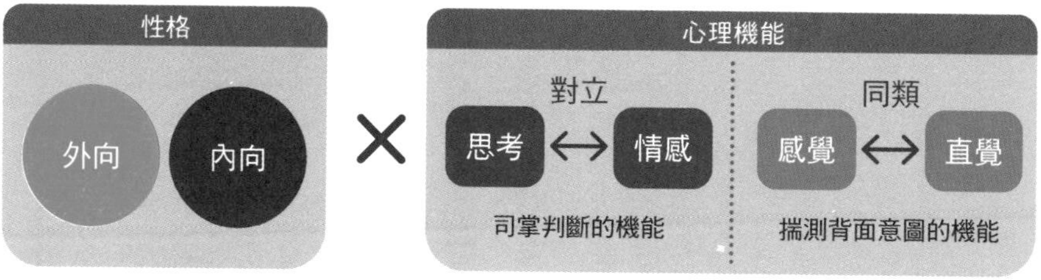

心理機能／性格	思考型	情感型	感覺型	直覺型

性格	擅長思考，並且依據思考結果來下判斷	感情豐富，依自己的情緒為基準來下判斷	憑藉觸感或香氣等五官感受來下判斷	重視偶然的想法及靈感，依直覺來行動
外向	外向思考型 面對任何事情馬上就用客觀事實來思考，喜歡糾正他人的錯誤、失敗，並嚴厲究責。	外向情感型 喜歡追求流行，不會深入思考的類型。人際關係豐富，受他人喜愛。	外向感覺型 具備接受現實的能力，享受生活中的快感，追求享樂。	外向直覺型 企業家大多屬於這種靈機一動的類型，追求各種可能性。
內向	內向思考型 關心自己的內心世界，重視主觀判斷，頑固且倔強。	內向情感型 感受性強，重視充實內心世界的類型。	內向感覺型 追求事物深處的感覺，具備獨特的表現力。	內向直覺型 憑藉著非現實性的靈感來行動，藝術家多屬於這類型。

發現未知的自我

每個人應該最熟知自己的性格，一般人都會這麼想。但是從他人眼中看到的我們是什麼樣子呢？當我們為自己的性格煩惱時，就試著開啟未知領域的門扉吧。

喬哈里窗

美國心理學家喬瑟夫 · 勒夫（Joseph Luft）與哈里 · 英格拉姆（Harry Ingham）提出一項「人際關係認知圖表模型」，兩人的名字組合起來音譯即為「喬哈里（Johari）」。這個圖形將人類的自我認知分成四個領域，形成一個像窗戶的形狀。

	本人對自己的認知：已知	本人對自己的認知：未知
旁人的認知：已知	A 開放之窗 自己和旁人都知道的部分（對外公開的自己），也就是人們對外公開的部分。 	B 盲點之窗 自己沒察覺，但旁人知曉的部分。 
旁人的認知：未知	C 祕密之窗 自己知道但旁人不知曉的部分，例如對他人隱瞞的事情。 	D 未知之窗 自己和旁人都不知曉，壓抑在潛意識的部分，或許是隱藏起來的才能。 

例

人際關係方面有許多問題的人 → B、C面積較寬廣 →

- 拓展 A 窗面積，讓自己多被旁人了解。
- 為了將 B 窗移到 A 窗，必須傾聽旁人的想法。
- 為了將 C 窗移到 A 窗，必須更加開誠布公（自我揭露）。

→ 如此便能讓旁人更加了解自己，人際關係也將得到改善

PART 2

由口頭禪及聊天話題得知他人心理

1

一句耳語「這件事情絕對不能說出去」

想要強調自己的存在價值，沉浸在優越感當中

不負責任而又強烈的個人表現欲

很多人說話時會用這句話當做開場白：「**這件事情絕對不能說出去……**」。在居酒屋、街坊聊天、職場上等場所，他們會靜靜地將臉湊上，小聲地說話。聽的人也會被這句開場白吸引，不知不覺和對方愈靠愈近。

講話時總是這樣故作神祕的人，其實是希望他人對自己說的話感興趣，並且希望他人發現、重視自己的存在。總之，就是**不想負責任卻又具有強烈的自我表現欲**＊。這種人平常不太引人注目，看起來很老實，或許正因為如此，他們才更加想要受到別人矚目。

另外，他們這麼做的原因，也有可能是為了表達對他人信賴以及友好的象徵。或者說他們希望他人跟自己站在同一陣線，刻意利用能不能守住祕密這件事，來測試他人對自己的忠誠心。

「絕對不能說出去」背後隱藏的訊息

當有人講話時說到「**絕對不能說出去**」的時候，背後的訊息是我知道別人不知道的事情，藉此得到**優越感**。所謂優越感，就是覺得自己比他人還要優秀，同時也讓自己的存在得到認同。當別人做出驚訝的反應說：「你好厲害，竟然連這種事情也知道？」當事人便能從這句話裡得到優越感。

但是，當我們聽到「**絕對不能說出去**」這句話，

＊**自我表現欲** 身處於社會之中，想對周遭人們表達自我存在的一種欲求。這是人類自然欲望的其中一項，也是社會團體生活中，維持正常交流不可或缺的欲求。

其實心裡也知道真正的意義是**「這個祕密不可能守得住」**。因為一般人聽到「不能說出去」，直覺反應就是想講出去。而且，會說「絕對不能說出去」這句話的人，大多也會向其他人說一樣的話，希望能藉此得到更多夥伴。

這種故弄玄虛的說話方式，內容愈是無足輕重的小事，就代表當事人想要結交同伴的欲望愈是強烈。如果想要和這種人保持距離，最好的做法就是設下防線，在對話一開始就表明「我的個性守不住祕密」。

想要分享祕密時的表現

以下介紹幾句當人們想要共享祕密時的開場白，這些話語中都像帶有誘人的香氣，讓人聽了之後還想知道後續發展。

「這件事情絕對不能說出去……」

1 想要加重自己的存在感。

「我只跟你一個人說哦……」

2 這句話裡其實蘊藏的訊息是「我對你有好感」。

「不可以跟別人說哦」

3 這句話裡蘊藏的訊息是「在我心裡，你是特別的」。

「其實……」

4 聽起來好像有什麼特別的事情要講，其實大多只是普通的意見。

「我是相信你才跟你說的……」

5 聽到這句話，人們反應分成兩種，一是感到高興，另一種人會覺得很煩。

2

喜歡吹噓自己的豐功偉業

這種人大多是自我感覺良好的自戀狂

希望得到他人認同

有些人不管別人想不想聽，總是喜歡說一些自吹自擂的事情，例如：「我最近買了一輛油電車」、「我全家都是東大畢業」。

這樣的人心裡一直都想著：「想要得到他人認同」或是「希望聽到別人稱讚」，希望能藉此感覺到自己是有價值的人，這樣的心理狀態稱為**自尊情感***。再者，這種只愛自己的表現也可以稱為**自戀狂***。

孩提時期在雙親溺愛中成長的人，通常很容易認為自己是特別且優秀的人；相反地在成長過程中少了親情的人，為了彌補心裡欠缺的經驗，心理上也容易以為自己優於他人。上述這兩種人的相同點，都是不擅長察覺他人的心情。

掩飾自卑感的自我吹噓

喜歡自吹自擂的人大多是男性。例如有些人會吹噓說：「我的朋友很多」、「我認識某個名人」，這些話的背後隱藏的訊息，其實是沒有親密好友或是值得信賴的同伴而產生的自卑感。

雖然聽別人吹噓豐功偉業是件叫人心煩的事情，但如果適時地表達佩服說道：「好厲害」或是「真的啊」，可以讓對方心理狀態保持平靜，如此一來自己也有餘裕輕描淡寫將該話題帶過。

＊**自尊情感**　衡量自身基本價值的一種感覺，或說是證明自己無可取代、具有價值的心情，一般也稱之為「自尊心」。

只愛自己的自戀狂具有以下特徵

自戀傾向（自戀性人格異常➡P34）是只愛自己的一種心理狀態。具有自戀傾向的人，通稱被稱為「自戀狂」。這些人的行為舉止具有以下特徵：

1 過度評價自己的重要性

誇大自己的功績或才能。

2 沉溺於成功、權力、美貌與理想性的愛這些幻想中

幻想自己的魅力可以帶來出人頭地與財富。

3 相信自己是特別的存在

深信只有和自己一樣特別的人才能理解自己。

4 追求言過其實的褒獎

容易輕信奉承話，對他人讚美感到無上的喜悅。

5 具有特權意識

希望得到特殊待遇，或是要求他人遵從自己的期待。

6 處理人際關係時，總是不當地利用他人

為了達成自己的目的而利用他人。

7 無法設身處地為他人著想

從來不去理解他人的心情和欲求。

8 容易嫉妒他人

總以為別人也在嫉妒自己。

9 自大又傲慢

態度冷淡又蠻橫，欠缺感謝他人的想法。

＊**自戀狂（Narcist）** 以希臘神話裡出現的俊美少年那喀索斯（Narkissos）的故事命名，他因為愛上自己映在水面的容貌，結果變得對其他任何人都不感興趣。

3

喜歡使用艱澀的詞彙或片假名詞彙

想要表現博學多聞的理智化與心理情結

使用艱澀的片假名詞彙讓人聽不懂

有時候我們看天氣預報節目時，聽到播報員說：「上午及下午，天氣變化十分drastic」，一時之間可能無法理解意思。「drastic」一詞原本的意思是「過度、劇烈」，氣象播報員其實是想說「天氣變化十分劇烈」。

日語中的片假名詞彙，一部分是用來表達外來語，另外也有一部分是日本人發明的和製英語，許多人喜歡使用尚未滲透入生活中的外來語言。（譯注：以台灣來說，就像是講話時喜歡夾雜英語。）

在商務場合中，如同片假名詞彙一般，**許多人也喜歡使用一些艱澀的詞彙或專業術語**。或許一開始聽的人會覺得：「好厲害！」，但用得太多卻會讓人愈聽愈迷糊，大多時候會演變成無法理解對方到底在說什麼。

對自己的實力沒有自信的自卑表現

其實，這些愛用片假名詞彙及專業術語的人，只是希望**透過這種虛張聲勢的說話方式，讓別人認同自己的能力**，因此他們經常展現從書上或電視裡學到的知識。

這種情況是當事人想給人博學多聞的形象，因此內心出現**理智化**＊的心理狀態。但是，就算打腫臉充胖子硬是使用這些難懂的詞彙，若是本身知識淺薄，談話的內容也不會有深度，而且大多也觸及不

＊**理智化**（Intellectualization） 避開平時人們常用的詞彙，刻意使用難以了解的表達方式，想讓自己看起來博學多聞的心理。這樣的人無法正視真實的自己，同時有逃避在自己想像世界裡的傾向。

到事物的本質。真正有實力的人，應該可以用任何人都聽得懂的話來表達或說明自己的想法。

再者，理智化也可以說是對自己的實力沒有自信，進而轉化成一種**心理情結**。或者心裡有一股強烈的念頭，**不想給人跟不上時代潮流的印象**，這些人對「勝利組」與「失敗組」這些詞彙也很敏感。

於是，他們無時無刻都在**追求新事物**，例如使用最新的商務用語，或是當新款的行動電話或電腦才剛上市，他們就會馬上投注關心並且購買，為此洋洋得意。

商務人士喜歡使用的片假名詞彙

以下列舉幾個片假名詞彙，聽起來就像是個「有能力的商務人士」，各位可以測試看看自己看得懂幾個。

1. identity
2. article
3. alliance
4. innovation
5. evidence
6. core competence
7. commodity 化
8. contents
9. substance
10. summary
11. synergy
12. scheme
13. skill
14. decision
15. deal
16. priority
17. prototype
18. minority
19. majority
20. motivation

1自我／對自己的認同 2報導／論文 3聯盟／聯合 4技術革新／經營模式革新 5證據 6自己獨有而別人難以模仿的特殊性 7一般化 8內容／情報 9實質／內容 10摘要 11 相乘效果 12架構／組織／計畫 13技巧／手段 14決定事項 15交易／契約 16優先順位 17原型／雛型／試做品 18少數派 19多數派 20動機／意志

4

喜歡聊八卦的女性

愛說話又具有高度語言處理能力的女性

聊八卦是生存本能之一

只要人們聚集在一起，勢必會產生八卦*。總之，**八卦是人類的欲求之一，也是一種社交溝通的手段**。

美國韋伯州立大學的溝通學教授蘇珊博士表示：「就算談話的內容是八卦，也是加深人們與他人親密程度的重要方法之一」，「同時也是直接認識陌生人的重要方法」。

而且，人們經常為了知道他人在想什麼，要不就是直接問對方，要不就是從對方身邊蒐集情報。在社會生活、共同生活當中，為了理解每個人，溝通是不可或缺的要素，這樣的心理狀態就會讓人想要聊八卦。

研究指出，聊八卦的時候，人類腦部會分泌一種**類似多巴胺的化學物質**。如此一來，據說就能提高人體內的孕酮（黃體素）濃度，具有**緩和不安和壓力的**功效。

擅長處理語言情報的女性

女性友人之間的八卦或閒聊，經常被比喻為**「井戶端會議」**，而且女性週刊雜誌的內容，也幾乎都是八卦。討論他人的八卦，或許可以說是女性的特權。

為什麼女性會那麼喜歡談論他人的八卦呢？似乎是女性為了保護自己，會和同性友人聯合起來壯大

＊**八卦** 社會上一般人之間流傳的情報可分為幾個種類，小道消息（Gossip）是眾人感興趣的話題，醜聞（Scandal）是指違法事件或有損當事人名譽的情報，另外還有一些具有目的性的煽動性言論（Demagogie／德語）。

聲勢。另一方面，在面對男性團體時，女性們為了確保自己的地位，因而興起了競爭意識。

再者，女性們也**擅長自由地組織複數情報**，藉此能夠用更多元的角度看待事物，因此八卦對女性而言是非常重要的情報來源，再加上她們喜歡聊天，因此三姑六婆聊起八卦才會沒完沒了。

大多數的八卦話題，都與在場談話的人沒有直接的利害關係，而且她們也都對該話題抱持相當程度的興趣。藉由聊天的過程，她們可以確定彼此之間看待事物的意見相同與否，也能夠再度重申自己的價值觀。

順帶一提，在一九九〇年之後，網際網路開始盛行。**所謂的網路社會，也可以說是一種新型態的「八卦時代」**。

心理學小常識

女性愛聊八卦，源自井戶端會議

過去在江戶時代，住在大雜院的女性們會聚集在水井邊，隨性閒聊或是互相交換情報，人們便戲稱為井戶端會議（日語「井戶」為水井的意思）。現代女性三不五時也會聚在一起，這種姊妹淘之間的聚會，可以說就是現代的井戶端會議。

過去大雜院屬於共同住宅，住戶們日常用水都共用一口井。人們在井邊煮飯或洗衣，洗澡和飲水也都是用同一口井。當時到井邊打水運回自家儲水瓶的工作是由女性負責，因此井邊自然會聚集許多女性，在輪流等待打水的時候就會開始聊天。另外，當時井邊也會設置布告欄，同一個區域的各種情報也都會公布在那個地方，因此不難想像每個人都會發表自己的意見。

順帶一提，江戶時代大雜院的水井，並不是取自地下水（深掘至地底），而是興建暗渠（將木桶埋入地底連結成水道），由神田川及玉川的上水道引水，這種水井稱為水道井。

5 喜歡使用超出必要程度的敬語

想要與他人拉開距離的警戒心與心理情結

沒有和他人保持一定的距離就會感覺到不安

面對年長者、上司或是初次見面的人，使用敬語是一種常識，用意是**為了向對方表示尊敬的心情**。

但是，有些人即使認識很久而且感情也不錯，卻還是喜歡用有禮貌的說話方式，或是超出必要程度的敬語。這樣的表現絕對說不上是有禮貌。

相反地，使用敬語就像是在說：「我跟你還沒那麼熟」，也就是**表示對於聽的一方並不那麼親切的意思**。另外，**這種行為也代表一種警戒心，不和他人保持一定的距離就會感到不安**。說話的人害怕和他人有過從甚密的關係。

強烈心理情結的表現

心理情結*相當強烈的人，講話時總會使用有禮貌的詞彙，給人一種外表恭維但內心輕視的感覺。

這樣的人，總認為其他人看不起自己，但是與他人面對面的時候，又不能明顯表達這樣的想法，只好**刻意使用有禮貌的詞彙，代表一種竭盡所能的反抗意識**。

過度使用敬語有種諷刺（厭惡）的感覺，讓人聽了就渾身不舒服，而說話的人也能藉由對方的反應從中得到優越感。

＊**心理情結（Complex）** 親子之間的心理情結稱為伊底帕斯情結（Oedipus complex），兄弟之間稱為該隱情結（Cain complex），對體型十分在意的情況稱為器官情結。

從對話中察覺心理情結的方法

一般來說，情結（Complex）這個字也譯為「自卑感」，在心理學上的意思是「錯綜複雜的情感」，舉例來說可分為親子間、兄弟間以及對自身體型的心理情結。同時又可分為本人有意識的自卑感，以及在情感上沒有意識到的自卑情結。

試著利用聯想法來刺探

心理學家榮格提出的聯想檢查法相當廣為人知，只要向對方說一句關鍵話（刺激語），接下來可以由對方的反應窺知一二。

1	2	3
對方心裡聯想後說出的反應內容	回話的時間	是否再度確認
↓	↓	↓
不自然的言語反應	反應時間稍長	再問一次說話內容

結果 若是對方有以上三種反應其中一項，就能推測這句刺激語的相關內容是否引起心理情結。

例 對母親具有心理情結的情況

- 聊到家裡的事情時，刻意不提到母親。
- 當話題一帶到母親時，刻意改變話題。
- 就算聊到母親，也只是說些無關痛癢的事情。
- 談話中一直想快點結束有關母親的話題。
- 提到有關母親的話題時，就會藉故離席。

6

經常說「以前比較好」

害怕跟不上時代而產生的逃避行為及優越感

沉浸於記憶中的鄉愁

我們經常聽到年長者對年輕人這麼說，一起吃飯時也常聽到有人會提起，就是「以前比較好」這句話。從古至今，總有人一直把這句話掛在嘴邊。總之，會說**「以前比較好」**的人，應該也經常聽到上一個世代的人這麼說。

到底過去是否真有他們說的那麼好？答案絕對不會是肯定。舉例來說，對於團塊世代*的人而言，過去物質條件並不富裕，多數人都過著貧窮又辛苦的生活。出社會之後，應該也是不眠不休地工作，就是所謂的猛烈型社員（➡P54）。

即使如此，這些人還是堅持「以前比較好」，其實是因為那段時期已經結束，讓他們心裡充滿感慨，**想要稱讚自己「竟然能夠度過那麼艱苦的時代」**。再者，有些人**腦海裡只會保留歡樂的記憶，並且忘掉了討厭的事物。**

以昭和三十年代為舞台背景的電影《永遠的三丁目夕陽》，描繪了那個經濟高度成長的時代，並且只強調當時民風純樸的一面，引發人們對那個時期的鄉愁，卻對環境問題和少年犯罪等負面現象絕口不提。

逃避不安並沉浸於優越感

或是隨著年紀增長，心中充滿**害怕被年輕人嫌棄或是跟不上時代的不安**，同時交雜著**失去青春活力**

↘昭和二十幾年出生的世代），帶來難以區分好壞的影響。團塊世代的後代則被稱為「團塊二世」。

的不安，為了**逃避這股恐懼**，便脫口說出「以前比較好」這句話。

再者，「以前比較好」這句話，隱藏著**「你們應該都不懂」的優越感**。總之，透過這句話可以讓人逃避不安，進而肯定自己。

著有《鄉愁社會學》（Yearning for yesterday:a sociology of nostalgia）一書的社會學家弗萊德．戴維斯（Fred Davis）表示：「當人們面臨自我認同（⬇P54）的危機時，回首過往能夠確立自我認同的連續性，達到強化認同感的效果」。

說到逃避不安一事，**不去思考充滿封閉感的現實生活**也是其中一種心理狀態的表現。

還有另一句話跟「以前比較好」屬於相同性質，那就是「最近的年輕人啊」。通常會說這句話的人，年輕時應該也常聽上一個世代的人這麼說。這些話語不僅表達了年長者侮蔑年輕人的心情，同時也嘲諷著無法接受新事物的自己。

心理學小常識

讓人感到幸福的鄉愁

「鄉愁（Nostalgia）」一詞原本是醫學用語，語源取自希臘文的歸鄉（Nostos）與痛苦（Algos）兩字結合，在十七世紀末左右用來形容離開祖國的人們，在精神上罹患疾病的狀態。簡單來說，就是用來表示思鄉病的一個字。

這個字到了現代，則是用來形容緬懷過往時光時，心裡產生肯定的情感。每個人都會想起過去受肯定的時光，藉此在心理層面得到安詳。鄉愁不僅可以讓人們增強自尊心，同時也賦予人們幸福感及社會一體感。

＊**團塊世代** 作家堺屋太一於一九七六年（昭和五十一年）發表的小說《團塊世代》，對於在第一次世界大戰戰後嬰兒潮出生的世代（一九四七～一九四九年出生的人們，廣義來說是一九四六～一九五四，意即

7

喜歡談論血型

歸屬於團體內的安心感與對人際關係的不安

完全沒有科學根據

你有和人聊過血型，或是被問過自己血型的經驗嗎？我想多數人都有過這樣的經驗。神奇的是在美國幾乎聽不到這些和血型相關的話題，為什麼日本人（譯注：或台灣人都一樣）這麼喜歡聊血型？

A型的人正經又神經質，O型擅於社交、個性大刺刺，B型人我行我素，AB型的人個性有點複雜而且善變，上述的性格可以套用在任何人身上。因此，用血型來判斷性格，**根本是毫無科學根據的說法**。

但是，有些職場在招募新人或是人事異動時，竟然將血型當做評量標準，這豈不是無庸置疑的**血型歧視**＊。

把人類分成四個種類，再任意決定四種性格，這根本就是無稽之談。現代已有研究，證明決定性格的要因，是由遺傳及成長環境各占一半影響。

血型判斷性格的神奇說服力

日本人喜歡談論血型，原因在於**參與血型話題，就會有一種找到同伴的感覺**。就算是初次見面的人，只要聊起血型，感覺上好像就親近起來了。

因此，詢問血型之後，就能夠如前述一般判斷性格，心裡有個底認為「這個人就是這種性格」。相反地，若是有某個人行為超乎預期，詢問過血型之後，很奇妙的是竟然可以只用一句「他果然是AB型

＊**血型歧視**（Bloodtype harassment） 因為毫無科學根據的血型性格判斷，而招致討厭或歧視的情況。在企業中利用血型來決定聘用與否，或是做為考績評鑑的依據，就屬於血型歧視。

的人」，就說服自己合理化對方的行為。

開口閉口總是喜歡談血型的人，或許大多數都是因為**對人際關係感到不安**。另外，由於日本人十分重視集團主義，因此只要**隸屬於某個團體的話，就能得到安心感**。

星座將人分成十二個種類，而血型只有四種，因此比較容易記得住，這也是人們經常拿來當聊天話題的原因之一。

利用血型判斷性格大約有八成準確率

用血型判斷性格的時候，例如說：「你的個性嚴謹，真不愧是A型的人」，聽起來似乎很準。不過，其實利用血型分類的做法，本來就有很高的機率會猜中。

日本人的血型分布

A 型	O 型	B 型	AB 型
39%	29%	22%	10%

「你的血型是A型」

↓

正確率有 40%

「你的血型是A型或O型」

↓

正確率有 70%

利用血型判斷性格的一般描述

A 型	個性嚴謹、神經質、頑固、設想周到、保守又努力
O 型	粗枝大葉、落落大方、行事草率、擅長照顧人、八面玲瓏
B 型	個性自由又我行我素、具有行動力、藝術家類型
AB 型	依心情行事、怪人、冷酷且工於心計、雙重人格

8

「反正」、「總之」

為了掩飾缺乏自信的自我防衛反應

讓對方感到不愉快的話語

我們經常聽到有些人的口頭禪是**「反正」**，例如在公司裡交代資淺的人員做事：「這個能不能請你幫個忙？」對方回答：「反正我會做」，聽到這句話心裡是不是會覺得有點生氣？

或者，打電話去某家店詢問事情時，對方說：「反正現在是下班時間，你能不能上班時間再打來？」聽到店家這樣回覆，應該會火大地認為：「怎麼會這樣回應客人？」

很多人說話前會用「反正」來開頭，這個詞彙其實非常不得體。例如，「反正我會做」這句話，有一種把工作當做「反正」是例行公事的感覺，而「反正現在是下班時間」，則讓人覺得打電話過去好像造成對方麻煩，聽了心裡總是覺得不愉快。

另外還有**「總之」**這句話也是一樣，這兩個詞彙都是「姑且」的意思，但要是使用時機不對，或許會引來對方不悅。

在談話中頻繁使用「反正」和「總之」這句兩話的人，大多是對自己所說的話沒有自信。實際上，這樣的說話方式，會帶給談話對象覺得非常不可靠的印象。

不過，如果是因為沒有自信而使用這種說法想要來矇混過關，可以用心理學中隱藏自己弱點的**防衛反應***來解釋。

***防衛反應** 就是一種自我防衛的心理反應，也稱為防衛機制。在精神分析的領域，這種避免不安情緒的反應稱為「防衛」。

不改變自己想法的頑固者

也有人所說的「反正」、「總之」並不是口頭禪，而是意有所指使用這些詞彙。例如，上司交代工作下來，其實心裡並不想承接的時候，但是又不能斷然拒絕，這個時候就會說：「反正我會做」，用意在於輕描淡寫地表達心情。雖然這樣的回覆，會讓上司內心感到不舒服，但也足以傳達自己的情緒。

這樣說話的人，可以說具有**不輕易改變想法的頑固性格**。他們討厭接受他人指示，或是被交代事情。

不管是哪種使用方式，一旦說出這兩個詞彙，就會讓人覺得靠不住、沒有自信，**聽的人也將因此感到不安**。希望有這樣的口頭禪的人可以改掉。

心理學小常識 五月病也是一種自我防禦反應

新學期開始或剛進公司經過一個月左右，就會開始感到疲倦，對學習或工作興趣缺缺，同時也會發生注意力不集中等症狀，一般人稱之為「五月病」。這是為了逃避現實痛苦的想法，進而引起心理上的一種自我防衛反應。

「五月病」是俗稱，正式學名是「倦怠症候群（Apathy syndrome）」。剛進公司的新進員工，在黃金週結束後，就會失去對工作的熱忱，而且感到疲倦，這就是所謂的「工作倦怠」，剛結束大考才入學的新生，也有相同的症狀就稱為「學習倦怠」。

容易陷入這種狀態的人有兩種，一種是非常認真的完美主義者，而且個性內向又容易孤立的人。另一種是頑固不知變通的人，似乎也有這種傾向。

一言以蔽之，原因就是心理無法適應環境的變化。當這種症狀發生的時候，必須找出無法適應的具體事項，進而思考改善對策。

9

「我就說嘛」、「也就是說」

自我主張過甚，愛講道理

總以為自己絕對正確

「**我就說嘛**」的使用時機，是接在發表自我主張之後說：「我就說嘛，會變成這樣」。當別人發表意見之後，要強調自己早就已經說過，就會說：「我早就說嘛」。總之，就是一句**強調自我主張的話語**。

有這句口頭禪的人，不管怎麼樣想說什麼就說什麼，自我主張強烈，而且**愛講道理，總以為自己最正確**。因此，這種人經常希望周遭的人認同自己。往好的方面來說，這種人講話有說服力，具有指揮人的統合能力，屬於**領導者類型**。但說難聽一點，這種人總是高高在上又愛表現，還會強迫別人接受自己的想法，屬於**自我陶醉類型**。也可以說是**自我表現欲**＊強烈。

遇到這樣的人，只要說：「沒有錯，你說的一點也沒錯」，他們就會感到滿足。或者說：「對呀，真的耶」，裝成贊同他的說法，就可以讓對話更早結束。如果語帶反駁地說：「是哦，然後呢？」他們很有可能激動起來，想盡辦法也要辯倒你。

順帶一提，把「我就說嘛」當成口頭禪的男人，不受異性歡迎。因為要是跟女性談話時，一直說：「我就說嘛」，就容易讓對方覺得：「這個人，似乎想要盡快結束談話，一定是我講的話太無趣」。

「也就是說」帶來的反效果

＊**自我表現欲**　無時無刻不想向周遭或整個社會顯示自我存在的一種欲望，比起「自我主張」，欲求的強度更為顯著。通常用於負面評價。

愛講道理的人的口頭禪

愛講道理的人，無論如何想說什麼就說什麼，因此常會把下列幾句話掛在嘴邊。

「也就是說」這句話，是在提出各種要素之後下結論時使用，通常用在整理自己的主張，或是講理論的時候。經常講這句話的人，其實並不是真的凡事都講道理。當他們**沒辦法將事情說明清楚的時候，就會裝做一副講道理的模樣，開口閉口都是**

「也就是說」這句話。但是，談話時一直說「也就是說」這句話，會讓事情更加複雜，聽的人反而需要更詳細的說明。

10

「因為我就是這樣的人」

厚臉皮地為自己下定義

張開防備網，找台階下

各位身邊是不是有人經常會說：「因為我就是這樣的人」？例如：**「因為我是很嚴肅的人」**或是「因為我就是這麼笨手笨腳」。到底人們是在什麼場合下才會說這種話呢？

另外，各位聽到別人這麼說的時候，會不會覺得心裡不愉快呢？當我們自己**為自己下定義**說：「我就是這樣的人」，對方也只會想：「哦，這樣啊」。一個人的評價不是自己說了就算，應該由身邊的人來判斷。

例如，我們會聽到有人說：「那個人很嚴肅」或「那傢伙，其實笨手笨腳的，小心別被他騙了」。

如果上述這些話都是由自己說出口，只會讓人家覺得太厚臉皮了。當有人說：「因為我很嚴肅，所以無法忍耐那種事情」或「因為我笨手笨腳，所以那件工作我做不來」，事實上這麼做只是為了**張開一道防備網**，也可以說是先給自己找台階下。

希望別人認同自己的性格

剛才提到的說話方式，是**為了積極得到周遭人認同所做的行為**，也稱為**自我確認回饋***。另外還有一種說法，**「我就是這種個性」**也有相同效果，只要這麼說對方就無法反駁。

再者，刻意公開發表自己就是「這種人」，也代表說話者心裡有一股欲望，「希望被別人看成是這

＊**自我確認回饋** 深信自己是某種類型的人，並且積極地尋求周遭的人同意（確認）。

種人」。

不過，實際上本人自己說的「那種人」，幾乎都跟別人的見解大不相同。每個人對事物的看法都有程度之差，即使自認已經掌握自己的個性和特徵，也不能保證和眾人眼中的客觀評價一致。

也有些人對自己的個性下定義後，會問別人說：**「我看起來是不是像那種人？」**日後聽到有人這麼問，我們就可以順水推舟回答：「是嗎？」、「好像是耶」。

自我確認回饋行為的實驗

心理學家史旺（William B. Swann Jr.）與利德（Stephen J. Read）以女學生為對象進行了一項實驗，藉由問卷調查了解她們是否主張自己屬於哪種類型的人，同時對於該主張是否希望得到回饋。

1. 先請女學生自行判斷是否主張自己屬於某類型的人。
2. 請女學生針對社會性問題回答問卷。
3. 對女學生傳達以下訊息，並且詢問她們關於自己的性格，希望對方提出哪種問題(具有自我主張的問題或是一般性的問題)。

> 這個實驗的研究目的在於了解與男性相識的過程，接下來會請妳和隔壁房間的男性見面，為了讓男方知道妳是什麼樣的女性，所以請妳先決定問卷的問題，或是有關自己性格的描述，再到隔壁房間進行確認。

結果

自我主張強烈的人 → 希望對方詢問具有自我主張的問題

沒有自我主張的人 → 希望對方詢問一般性的問題

結論

選擇可以確認自己性格的問題

＝

希望能夠得到認同的回饋

11

「好像是○○」、「總覺得○○」

講話的同時為自己留後路，其實是壞心眼的「曖昧」

喜歡使用這些詞彙的人，其實心裡藏著**曖昧*不清的意圖**。他們應該是因為強烈的不安感，太過在意對方的反應才會在對話中總想矇混過關。說得再明白一點，他們害怕受人反駁或是遭受否定，才會刻意避開斷然肯定的說話方式。

隨時留後路的壞心眼

另外，因為這樣的人**不擅長表明自我主張**，因此為了和他人順利來往，他們凡事都會配合他人，盡量避免與人發生爭執。

只要在說話時加上「好像是」跟「總覺得」這兩句話，似乎就能夠四平八穩地傳達自己想說的事情。但是另一方面，講話時太常使用這些詞彙，會

說話時總是曖昧不清

「好像是○○」這句口頭禪很讓人在意，例如：「欸，你知道嗎？那件事情好像○○」，或是「那麼，你會分手嗎？好像是吧？」、「好像要喝點茶？」。不少人講話時都會在每句話加上「好像」。

還有**「總覺得」**這句話，聽到有人講話時使用得太頻繁，也會讓人覺得十分刺耳。「總覺得，這個料理好好吃哦」、「總覺得，今天天氣好好哦」，這種人好像少了「總覺得」三個字就不會說話似地。「總覺得」這個詞也可以換成以下幾個詞，「這麼說來」、「有一點」、「不知道為什麼」，但是這幾個詞彙本身並沒有多大的意義。

***曖昧**　講話時無法決定一個明確的方向，使用可以多方面解釋的詞彙。這個詞本身就帶有「可疑」的感覺。

讓人覺得這個人**一直在為自己留後路**，甚至認為這個人**其實相當壞心眼**。

跟這種人講話的時候，如果逼問：「到底你說的好像是什麼意思？請講清楚」。他們會變得更加畏縮。因此較好的做法是當做耳邊風，或是不著痕跡地確認他們話裡的意思，再順著話題的方向談下去。

其他還有幾個相同的曖昧詞彙，諸如：「〇〇的感覺」、「感覺上」、「比較起來」、「就某種意義來說」、「似乎是〇〇」。

其他的壞心眼口頭禪

「壞心眼」的意思是陰險而且城府深沉，雖然說話時本人並沒有那個意思，但是這幾句口頭禪或許真的隱藏著壞心眼的成分在內。

「好像是〇〇」

- 曖昧的表現，讓自己扮演「好人」角色。
- 讓自己看起來像個「好人」，藉此取得有利的立場。

「總覺得〇〇」

- 沒有具體的主張。
- 這種人最初會站在人多的一方，一旦找到對自己最有利的那個人之後，就會毫不在意地背叛其他人。

「似乎是〇〇」

- 對自己的想法和行動沒有自信。
- 配合狀況改變立場。

「〇〇的感覺」

- 對任何人都笑顏以對，八面玲瓏的人。

12 「隨便」、「隨便都可以」

讓周遭的人感到不安、敬而遠之的一句話

一瞬間就讓對方無言以對

過去有某位女明星，上節目接受主持人訪問時，曾經鬧彆扭地說了一句**「隨便」**，結果引起世人厭惡。之後，這句話更成為那年的流行語。

「你心情不好嗎？」「隨便。」

「明天要出門嗎？」「隨便。」

「這件事可以麻煩你嗎？」「隨便，我無所謂。」

以上舉出「隨便」的例子，每一句聽起來都叫人覺得不舒服。雖然這真的不是一句好話，但到底哪裡不對勁？或是聽的人為什麼感到不悅？原因在於**意思不夠明確**。但即使如此，要是真的追問：「『隨便』到底是什麼意思？」又顯得太過**固執**，什麼事都要打破砂鍋問到底。所以**這個問題會讓人無言以對，談話也會因此中斷**。

平常喜歡這樣講話的人，其中有些人是刻意使用這種意思不明確的詞彙，**讓對方處於心情不安的情境**。又或許是說話的人在無意識之中，流露出心中想要反抗的念頭。

未學習的日本寬鬆世代

講話中會使用「隨便」這個詞的人，通常也會說「不知道」、「沒聽過」、「煩死了」。說好聽一點，他們是獨具**個人風格**，但其實只是欠缺協調性。

大多數**寬鬆世代**＊的年輕人不擅長打招呼，而且也不懂因應TPO（Time、Place、Occasion）做出

＊**寬鬆世代**　指日本以「寬鬆教育」做為學習指導要領，這個時期接受學校教育的世代。大致上是指一九八七年（昭和六十二年）～一九九六年（平成八年）出生的人們。

應有的禮數，這就是他們這個世代的特徵。

寬鬆世代遂行的**寬鬆教育**，是以「生存的力量」這個概念為基礎，將既往的教育制度做了一項重大轉變。教育者不再是「指導」的角色，而是必須全力「支持」學生，他們必須盡可能地尊重每個孩子的個性，並且重視自由意志的「選擇權」。

這種教育政策的結果，讓大人只能一味支持孩子，卻也剝奪了孩子從大人身上學習的機會。因為沒有接受教導，因此這些孩子只能在什麼都不知道（未學習）的情況下長大成人。

欠缺協調性的日本「寬鬆世代」

接受「寬鬆教育」的「寬鬆世代」，雖然自身的個性與自主性受到尊重，但是學者也發現，他們欠缺在社會群體生活中必須具備的基礎常識，諸如打招呼或日常禮儀。

戰後

以死背為主的填鴨式教育

考試戰爭：一味重視高學歷的教育制度因應而生。

↓

一九八〇年代

泡沫經濟崩壞：世間的價值觀有了重大改變。

↓

一九八〇年度

全國小學開始實施「寬鬆課綱」

- 當時教育制度打出的口號是「寬鬆與充實」

↓

一九九二年度

新學歷觀教育開始實施（全面修正學習指導要領並加以實施）

- 刪減學習內容、授課時數

↓

一九九八年度～

寬鬆教育正式上路

- 刪減學習內容、授課時數
- 全國學校實施週休二日
- 設立新制度「綜合學習時間」
- 導入「絕對評量」制度

↓

「寬鬆世代」誕生

↓

二〇〇七年

開始重新衡量寬鬆教育

↓

二〇一一年

修正新學習指導要領（二〇〇八年）
二〇一一年實施。寬鬆教育就此劃下句點。

13

「但是」、「不過」

持續發出否定性言論，吹毛求疵地抱怨

滿是藉口的D語言

各位是否有聽過D語言*？「但是（でも／demo）」、「可是（だって／datte）」、「反正（どうせ／douse）」、「不過（だけど／dakedo）」、「不然的話（だったら／dattara）」——這些詞彙的羅馬拼音都是以D做為開頭，而且後方都接續否定性言論。也就是說話的人處在一個**充滿藉口的世界**裡。

舉例來說，就是在對話中否定對方的提議，「下次要不要到新宿吃個飯？」「但是，我不喜歡太擠的地方」，或是「要不要去看演唱會？」「反正只是浪費錢而已吧？」，就像這樣一味地在對話中**雞蛋裡挑骨頭**。聽到這種反應，說話的人也只會覺得自討無趣。在談話過程中，彼此之間的氣氛也就愈來愈尷尬。把這些話當做口頭禪的人，並**不會提出有道理且具體的反對意見，他們只會吹毛求疵講一些怨言**而已。其實他們心裡大抵是持贊成意見，卻又會在細枝末節上表達反對，又或許他們話裡藏有不平不滿的聲音。

而且，這些人使用D語言表達反對意見之後，卻又不敢堅定表明自己會負起責任。

特別是「可是」這句話，聽起來就只是口是心非的藉口，時常講這句話的人會帶給人只會找藉口的不良印象。看起來就像是從小時候起，就習慣向雙親撒嬌的人。

＊**D語言**　帶有否定意義的詞彙。經常使用D語言的人，不只會讓談話的對象感到不愉快，而且會讓人覺得沒能力又沒幹勁，結果使自己的評價下降。

重點是表示同感與贊同，並且化解對方的負面情緒

「但是」這句話是用來表示否定，「不過」則是推卸責任的詞彙。把這兩句話當做口頭禪，在對話之間毫不在意地使用的人，漸漸地會讓人想保持距離。另外，當我們和這種人講話時，或許自己也會被捲入負面情緒當中。為了避免這種情況發生，我們應該對這些負面情緒表示同感與贊同，並且想辦法化解。

如何避免使用「但是」和「不過」

「但是」、「不過」這兩句話會讓人感到不愉快。在拒絕或否定他人的時候，應該選擇更委婉的說法。

NG

這分資料
明天之前
整理出來
但是，
我今天
很累了……

「但是○○」

GOOD

這份資料
明天之前
整理出來
抱歉，
我今天身體不舒服，
明天我會提早到公司，
中午之前交給您，好嗎？

先說「抱歉」，再提出具體的解決方案

14

「和大家一樣就好」

模稜兩可配合別人

推崇橫向排列的價值觀

一群人進入餐廳開始點菜的時候，試著問所有人：「要吃什麼？」一定會有人回答：**「和大家一樣就好」**。或者在討論事情時問一聲：「各位有沒有什麼意見？」也會有人說：**「我的意見跟其他人一樣」**。面對這種人，各位心裡應該會懷疑：「這個人是不是沒有自己的意見？」

這樣的人很可能是從孩提時代就被灌輸**「和別人相同是好事，和別人不一樣是壞事」這樣的價值觀**。從幼兒、兒童教育時期開始，要是教育孩子所有人橫排成一列才是平等，最後將會造成孩子完全失去思考能力。這些孩子根深柢固會認為在團體中引人注目絕對不是好事，他們深信「在這社會上，只要和大家做一樣的事情，基本上就可以安心活下去」，因此學會能夠在社會上生存的法則。

從小就教導孩子必須配合周遭的人，會讓他們失去自己下決定的能力，變得只能等待某人率先採取行動。凡事都要先看看旁人的態度，然後才能決定自己的看法。雖然這麼做或許可以說是小心謹慎、明智的做法，但最後只會變成一個沒有主體性又無趣的人。

美國心理學家**卡倫．霍妮***將這類型的人命名為**順從型（自我萎縮依賴型）**。這類型的人對任何事情都沒有自己的主見，但往往會在事後抱怨說：「其實一開始就應該那麼做比較好」。

＊**卡倫．霍妮**（Karen Horney） 出生於德國的美籍精神科醫師、精神分析學家。對於以男性為中心的精神分析提出批判，為日後的女權運動帶來影響。

具有協調性，追隨他人意見

往好處來看，這種人具有**協調性**，和周遭的人相處時看起來總是以和為貴。他們對事物的判斷基準完全交由自己以外的人來決定，企求遵從他人的期待與規定。簡單來說，就是老實地順從社會上的常識或父母親所說的話。在隨波逐流的過程中，如果一切順利當然是最好的情況，不過一旦事與願違，他們反而會怪罪他人。

卡倫・霍妮的神經質性格分類

精神分析學家霍妮，以人際關係中人與人的距離為基礎，將神經質性格分為以下三類。

自我主張型（自我擴大支配型）

認為自己較他人優秀，對話中經常出現「我認為」，自我主張強烈。喜歡談論自己的豐功偉業，屬於自我陶醉型的完美主義者。為了達到目標，會積極（Aggressive）採取行動。

順從型（自我萎縮依賴型）

沒有自我主張，行事低調。不喜歡與人爭輸贏，總是與所有人採取相同的行動。具有協調性，追求與周遭人們和平相處。對自己的評價過低，也容易受他人的評價影響。

離群型（自我限制放棄型）

對自己的人生毫不關心，心裡築起一面牆與他人隔絕，同時不希望和他人有任何交流。永遠認為期待只會帶來失望，對自己的目標從來不採取積極作為，避免競爭與成功。經常掛在嘴邊的一句話是「反正」（➡ P96）。

15

「反正」

不知如何愛自己，自我設限放棄型性格

讓身邊的人們感到厭煩的一句話

「反正」這句話的後面，大多是接續「做不到」、「不可能」這些負面詞彙。例如：「反正我都這把年紀了，不會用電腦也是理所當然」、「反正大家都討厭我」。

這句話會讓聽的人心裡產生不愉悅的感覺，或許也可以說這樣講話的人，只會愈來愈討人厭。就好像是自己親口說：「我沒有被愛的價值」。整體來說，這樣的表現就是**不知道如何愛自己**＊。

「反正」這句話，也隱藏著**依賴心態**，以上面的例子來說：「我已經很老了，不會用電腦也是理所當然，希望大家不要為難我」。但是，要是旁人真的把他們當成老人來禮遇，他們卻反而會猛然地怒不可遏。

對人生毫不關心，逃避現實

再者，對自己的人生毫不關心的人，也會把「反正」這句話掛在嘴邊。他們認為期待是失望的根源，因此心裡不抱有任何期待和希望，甚至認為自己不要積極地去追求什麼，才是最安全的生存方式。總之，這類型的人就是以消極、逃避現實的方式來度過人生。最後可能讓身邊的人覺得：「這種人到底活著有什麼樂趣？」

像這樣對自己人生毫不關心的人，美國精神分析學家卡倫・霍妮將之歸類為**自我限制放棄型（離群**

＊**愛自己**（Narcissistic） 或稱「自戀」，意指凡事以自己為重的想法。佛洛伊德認為自戀是孩童在發育過程中，必然產生的一種性格。過度愛自己的人又稱為自戀狂（➡ P70）。

型性格）（⬇P95）。

伊索寓言中有一篇〈酸葡萄〉的故事，大意是說有一隻狐狸發現棚架上有一串看來十分美味的葡萄，於是狐狸打算跳起來摘取，但無論挑戰多少次，總是搆不著。最後狐狸帶著憤怒及懊悔丟下這句話：「反正這串葡萄一定又酸又難吃，我根本就不想吃」。**由於無法達到目的或欲求，為了填補現實與欲求間的落差，只好想出說服自己的理由**。這就是所謂的**「酸葡萄心理」**。

當我們說出「反正」這句話的當下，就代表我們想把所有事情的結果歸咎於他人身上，或是找個理由來怪罪。為了讓他人喜愛，也為了能夠愛自己多一點，還是盡量不要把這句話掛在嘴邊吧。

心理學小常識

學習無助感——馬戲團裡的大象

長期處於艱難環境中的人，會失去努力逃出困境的能力，這種狀況就稱為「學習無助感」。

有一個故事關於馬戲團裡的大象，經常被提出來說明學習無助感。馬戲團裡會滾球、倒立的大象，身軀龐大而且力大無窮，真要逃走應該是輕而易舉之事。但是，當他們還是小象的時候，就被綁在粗大的木樁上，每天狂暴地掙扎也無法逃脫，在成長過程中留下深刻的印象。最後，小象深信：「這根木樁不可能折斷，反正再怎麼努力也不可能逃走」。

成長為成象之後，大象心裡的想法還是沒變，即使具有能夠輕易擺脫木樁的力量，大象還是認為：「反正不可能逃走」。於是大象就變成完全不採取行動，死氣沉沉的性格。

人類也跟馬戲團裡的大象一樣，要是小時候經歷過努力也無法達成目標的經驗，最終只會度過消極的人生。

16 「大家都這麼說」、「大家都這麼做」

想要和別人一樣，取得社會性認同的心理

將自己提出意見的責任，轉嫁到他人身上

平常一群朋友們在聊天的時候，經常會聽到「**大家都這麼說**」這句話。每次聽到這句話，各位心裡會不會想：「確實如此」，莫名其妙地就覺得這句話很有說服力。但是，仔細想想這裡的「大家」，具體到底是指什麼人？我想應該有許多人曾經想過這個問題吧。

還有一句話也很類似，就是「**大家都這麼做**」。

例如，當女兒聽父親這麼說：「這麼做真是太丟臉了」，緊接著回嘴說：「可是，大家都這麼做啊」。

「大家都這麼說」、「大家都這麼做」這兩句話，其實只是**將自己提出意見的責任轉嫁到他人身上**的藉口。意思是說身邊的人都這麼說這麼做，我也可以照做。

日本這個國家特別重視協調性和統一性，對這種不知道是誰說過和做過的事情，人們就是會有一股安心感。這種心理現象稱為**一致性**＊。

試著反問：「大家是哪些人？」

接下來介紹兩個詞，是業務人員經常說的話。「大家都在用」、「大家都稱讚」。這種話很容易讓人上當，心裡想著：「那我也用看看好了」。

這個時候，我們不是依自己的意識下判斷做決定，是受到周遭人們的行為影響。這種利用人類心

＊**一致性**（Coherence） 意指想要和周遭的人一樣的傾向。拉麵店前大排長龍，就算和人肩併肩也要吃上一碗的心理也是一致性的一種現象。名人去過的店家，人們也跟著想去，也是一樣的道理。

理的技巧稱為**社會認同***。

女性容易受到一致性與社會認同的技巧影響。過去援助交際和婚外情形成風潮，也有可能是受到「大家都這麼做」的心理因素影響所致。

想要不受到身旁他人的影響，請反問對方「**大家是哪些人？**」，被這麼一問，對方應該也會不知怎麼回答。各位應該知道，「大家」並不是具體存在的實體，只是一種群體幻想。

「紅燈時和所有人一起過馬路就不害怕」

「紅燈時和所有人一起過馬路就不害怕」這句話，代表著即使是一件壞事，只要多數人一起做就沒關係。這句話在北野武說過後，變得眾人皆知。

1 紅燈
想要馬上過去，但是紅燈不能過。

↓

理性與壓抑

2 旁邊的人不管紅燈開始過馬路
雖然也想過去，但還是忍住了。身邊開始有人忍不住過馬路。

↓

心理上的一致
「那個人做了我做不到的事情」

3 我的願望被實現了
這樣的話，我也不需要再忍耐。

↓

理性崩壞，不再壓抑

4 其他人都過了，我也要過
不良行為也無妨！

↓

行為正當化

＊**社會認同**（Social proof） 意思是指證明個人意見的適當性。例如前陣子一般人開始可以接受同性戀，也可以說是一種社會認同。確定了在社會上的地位之後，出櫃也變得簡單多了。

17 「沒辦法」、「無可奈何」

找藉口說服自己（Self handicapping）

自我安慰時使用的詞彙

「沒辦法」、**「無可奈何*」這兩句話，大多是用於貶低或安慰他人**。使用的情況大約是如此：「跟你說你也沒辦法，所以就不說了」或是「因為工作上有往來，真的是無可奈何」。或者男性受到女性委託時，原本心裡想的是「很高興妳來拜託我」，但為了隱藏害羞的情緒，只好說：「真拿妳沒辦法」。

另一方面，**自我安慰的時候也會使用「沒辦法」及「無可奈何」**。經常用這兩句話來解釋自己所作所為的人，**面臨失敗時大多會替自己找藉口**。例如，有些人會在考試當天先說一句：「我都沒唸書」，等到實際考不及格的時候，就可以說：「真的是沒辦法啊」，藉此尋求自己與他人的諒解。

在遂行某項任務的時候，為了將最後評價含糊帶過，所以在一開始自己就事先設下阻礙（Handicap），這種行為就稱為自我設限（Self handicapping）。也就是說事先這麼做，當發生失敗時就可以把原因推給阻礙，相反地當成功的時候，就可以驕傲自滿地說，自己在有阻礙的情況下還能順利完成任務。

像這種一開始就設下**警戒線**的人，愈是這麼做愈會讓自己沒自信。而且還會給人膽小懦弱、沒有決心、不懂人情事世故的印象。

＊**無可奈何（しょうがない）** 日文是從「しよう（仕）がない」轉化而成的字。用於平常輕鬆的會話中，談論公事的場合最好不要使用。

為了保護自己而自我設限

自我設限是指自己對自己設下阻礙，是一種自我防禦的反應。以下介紹幾種自我設限的例子。

創造出不利的狀況

- 接下不可能完成的困難工作。
- 接受嚴苛的條件。
- 設定不可能的目標。

刻意把心理因素造成的問題掛在嘴邊

- 「我沒有自信能完成任務」
- 「我身體不舒服」
- 「我沒有幹勁」

怪罪於環境

- 「任務太困難」
- 「時間排得太趕了」
- 「報酬太少了」
- 「其他人對我的評價太低」

封閉自己的內心

- 藉酒澆愁。
- 依賴藥物。
- 疏於努力。
- 假裝忘記任務。

18

臉不紅氣不喘地說謊

善意的謊言可以建立人際關係，但有些謊言是罪惡

下意識的虛偽發言

德國心理學家施特恩*對謊言下了定義：「**所謂謊言，就是人們為了透過欺騙來達成某個目的，下意識做出虛偽的發言（口述）**」。而說謊的人都有以下特徵：

①**虛偽意識**：清楚明白自己所說的話與事實相違。

②**欺騙意圖**：故意且有計畫，裝做若有其事般地撒謊。

③**動機明顯**：目的在於逃避罪過及處罰，或是為**自己辯護**。雖然說謊的動機都是利己，但有時候是出自於利他（為了他人的利益而犧牲自己）。

善意的謊言與惡意的謊言

謊言分為兩類，一種是為了避免他人受傷的「善意謊言」，另一種是欺騙並且傷害他人的「惡意謊言」。雖然我們一直教育孩子不可以說謊，但是**據說孩子們必須學會說謊，才能夠從依賴的對象，也就是父母的庇護中獨立自主**。「說謊」這件事，其實可以說蘊藏著非常深奧的道理。

舉例來說，有些人平日就經常說一些無傷大雅的謊言。也有些時候，我們為了迎合對方，只能透過說謊來掩飾自己真正的心情和情緒。總之，為了建立更良好的人際關係，必須把謊言當做**溝通上的潤滑劑**。

相同地，為了討好其他人，許多也會說一些**自我**

＊**施特恩**（William Stern） 於柏林大學拜於艾賓浩斯（Hermann Ebbinghaus）門下，主修人格研究。同時也提倡人格發展的聚合理論，以及智商（IQ）指標。

吹噓的謊言。例如「我還是單身」、「我的父親是大學教授」這類謊言，就屬於不折不扣的「**虛偽**」，是**詐欺犯**經常使用的手段。

看起來歇斯底里的謊語症

另外，還有一種人具有「**病態的謊言癖**」。這種人沒有設想要騙取什麼東西，但就是會不停地說謊。他們所說的都是一些誇大不實的謊言，像是「我啊，有五、六個女朋友，整個禮拜每天都跟不同的女人約會」，或是「我明天又跟某個政治人物的祕書一起吃飯」。

像這種患有謊語症的人，說謊的時候，本人會把毫無根據的事情，想成是確實發生過的事實。他們分不清幻想與現實，而且會把過去、未來跟自己的願望混為一談。

患有謊語症的人，看起來都有**歇斯底里的傾向**。歇斯底里性格的特徵，大致有以下幾種，諸如：虛榮心強烈、自我中心、容易受暗示影響、孩子氣、意志薄弱、對流行敏感、舖張浪費。

心理學小常識 英語中有關「謊言」的各種詞彙

① lie……謊言、虛偽、詐欺。
② deception……欺騙、詐欺手段、迷惑、矇混。
③ cheat……詐欺、壓榨、詐欺犯。作弊、打牌時出老千。
④ fraud……欺瞞、詐欺行為、騙子、比賽或賭局中造假。
⑤ fake……偽造品、造假、虛報、詐欺犯。
⑥ sham……吹牛、金光黨、假貨、瞞混。
⑦ swindle……壓榨、詐欺、騙子、偽善者、造假。
⑧ charlatan……說大話、投機取巧的人。
⑨ fib……微不足道的謊言、矇混。
⑩ trick……設局、策略、矇混、騙子、錯覺、惡作劇、開玩笑。

看穿謊言的方法

人們在說謊的時候，態度及對話大多都會產生變化。就算再怎麼瞞混來隱藏真心話，無意識之中還是會表現出來。讓我們試著由對方言行上的變化來看穿謊言。

觀察表情和臉部動作

不停眨眼

說謊時因為心裡緊張，無意識中眨眼的次數會增加。

表情僵硬

注意力被拉回過去某段時間，彷彿當下正在經歷過去發生的某件事。

女性（對男性說謊時）會凝視著對方

視線中帶有「傳達好感」的意義。女性為了不讓謊言被揭穿，絞盡腦汁說謊的時候，會凝視男性的眼睛。

男性會避開對方的視線

想隱藏某件事情的時候，會避開對方的視線，刻意不對上眼。口中說謊的同時，連眼神也跟著說謊，這是缺乏自信所致。

觀察身體動作

壓抑手部的動作

避免手部動作透露真正想法。

例 雙手抱胸
雙手插在口袋中

全身靜不下來一直動

心裡正壓抑著一股想要逃離現場的情緒。

例 扭扭捏捏地頻繁變換姿勢

雙手頻繁觸摸臉部

為了擋住嘴部的偽裝動作。

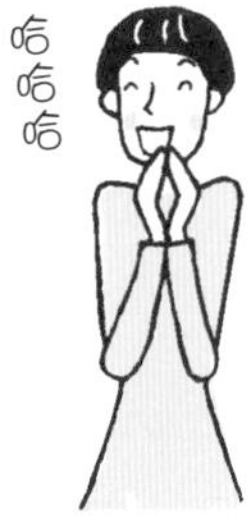

例 摩擦臉頰
拉耳垂

電話中謊言容易被揭穿

面對面說話時，手部動作或是表情可以引開對方注意力，因此比較容易說謊。
但是，講電話的時候，因為看不見對方，所以會集中注意力聽對話內容，較容易發現對話中的矛盾之處或是不對勁的地方。

觀察對話中的表現

企圖讓對話盡早結束

一直想著自己說謊的事，回覆對話的字數變少，一股腦地說個不停，用字遣詞缺乏柔軟性。

回答迅速，不想讓對話中斷

擔心尷尬的沉默時間太長，謊言可能會被揭穿，所以回答速度很快。

人們什麼時候會說謊？

有一項調查結果歸類出大人在什麼場合，說過什麼樣的謊話。分析該調查結果，得出謊話的內容分成以下12種。

1 設下防線
為了避免發生意料中的紛爭而說謊

害怕紛爭真的發生，所以說謊。

2 合理化
因失敗而被責罵時，做為藉口及理由的謊言

無法信守承諾或是遲到時，用以說明理由的謊言。

3 逃避
逃避一時的謊言

為了逞一時之快，不管自己有沒有做過，二話不說就承認自己「做了」的謊言。

4 利害關係
為了私利而說謊

牽扯到金錢的時候，為了讓自己站在比對方有利的立場而說謊。

5 撒嬌
為了讓他人擁護自己而說謊

希望別人在情感面理解自己，或是想讓別人與自己站在同一陣線，有所圖的謊言。

6 脱罪
為了掩飾壞事的說謊

為了掩飾自己做過的壞事所說的謊言

7 能力、經歷
為了讓自己處於優勢而說謊

刻意把自己的能力或經歷說得比對方高或低的謊言。

8 虛榮
為了表現自己或是引人注意而說謊

明明沒有戀人卻說「有」，或是明明考試成績不好，卻說「考得不錯」的謊言。

9 同情
同情對方而說謊

說實話會使對方受傷的情況下，為了避免傷害對方而說的謊言。

10 吸引
嘲弄、開玩笑之類的謊言

當謊言被揭穿時，雙方都會發笑，無傷大雅的謊言。

11 誤會
因為知識不足或誤會而產生的謊言

因為自己記錯，卻說得像真的一樣，當事人沒有惡意，因誤會而說謊。

12 打破承諾
不遵守承諾而說謊

因為無法遵守承諾而找藉口，有時候是刻意，有時候是無心之過。

PART
3

由行動及態度得知他人心理

I

拖延回覆電子郵件的時間

想要掌握主導權的時候，刻意延遲回信

延遲回信來惹怒對方

現今是**電子郵件**和電話並用的時代。不管是工作或是私人都會用得到，而最近就連學校也開始用這些方式，一次聯絡所有家長。

電子郵件雖然已經是日常生活不可或缺的工具，但也經常會招徠許多麻煩。網際網路協會*針對使用電子郵件的規則和禮節，做了一項問卷調查，結果顯示因電子郵件引發爭端的原因，第一名是「言語上的誤會」占38%，第二名是「電子郵件未送達（包括信箱位址輸入錯誤）」占18%，第三名是「延遲回信」占13%。

確實，**許多人都曾因為寄出郵件後，對方遲遲不回信而感到焦躁**。若是工作上的電子郵件，我們還可以再次催促，但若與公事無關就很難要求對方盡速回信。一直等待的結果，當事人心裡會想：「為什麼不回信？」、「是不是我信裡寫了什麼讓對方不舒服的事情？」進而懷抱不安的情緒。

有些人是刻意不回信

實際上，大多數沒有回信的情況，**都是因為「一時不察而忘記」**。有時候是因為太忙而忘記，也有人希望找時間靜下心來回信，結果卻錯失應該回信的時機。等待的人和讓別人枯等的人，對時間的感受大不相同，這一點希望每個人都能銘記在心。

但是，**有些人是刻意延遲回信時間，因為他們是**

＊**網際網路協會（ISOC）** 推動網際網路使用的國際組織，日本分部是財團法人網際網路協會（IAjapan）。http://www.iajapan.org/

想在兩人相處之中掌握主導權。舉例來說，收到一封郵件寫著：「要不要一起吃個飯？」收信者知道寄信者一定很想收到回信，但是卻會擱置一陣子。而寄信的一方因為遲遲沒有收到回信，心裡的不安也就愈來愈強烈。等到好不容易收到對方回信答應，心裡喜悅的程度，肯定比起馬上收到回信來得高。正如這個例子，**我們可以利用郵件來控制對方的心情**。

這些人會延遲回覆電子郵件

當我們遇到某人遲遲不回信的時候，心裡不免會覺得：「有種被輕視的感覺」，但事實上大多數的情況，對方並沒有太深入的意圖。

太忙了，
沒有時間回信
不喜歡用
電子郵件聯絡
不習慣使用
電子郵件
認為郵件的
重要性較低，
不急著回信也無妨
在兩人相處
的過程中，
想要掌握主導權

2 討厭整理或不知道怎麼整理

這種傾向太過嚴重的話，有可能是罹患ＡＤ／ＨＤ

對生活造成影響時就是ＡＤ／ＨＤ嗎？

「經常弄丟東西」、「總是花很多時間找東西」、「注意力無法集中」、「不時覺得煩躁」，以上都是不整理家裡的後果，認真說起來，壞處不勝枚舉。雖然每個人都知道乾淨整齊的房間，住起來才會舒適，但現實生活中無法隨時保持整潔的人不在少數。

有些人沒有整理的習慣，甚至已經對生活造成影響，這些人就有可能罹患**注意力不足過動症**（ＡＤ／ＨＤ）＊。有這種心理疾病的人，**無法長時間保持注意力集中，做事情總是衝動性地想到就做**。正常人就算對某件事感到在意，還是會衡量當下該做什麼事情，思考過優先順序後才會採取行動。但是罹患ＡＤ／ＨＤ的人，卻會在整理家裡時，因為一時衝動又去做別的事，無法持續整理到最後，結果家裡的東西還是維持著四處散落的情況。

優柔寡斷也是無法好好整理的原因

有些人是「**雖然還不到病態的程度，但就是不擅長整理**」，這種人的共通之處就是**無法當機立斷做出決定**。例如，對一件東西「該不該丟掉」感到迷惘，無法立刻下決定，最後選擇「暫時」先留下來。而這些「暫時」留下來的東西，最後會變成「幾乎永遠」留下來，結果家裡的東西就因此愈來愈多。

這樣的情況，有一個解決的對策就是建立一套自己的規矩。總之，面對「該丟還是該留的情況，就

＊ AD/HD 年少時發病的一種成長障礙，主要的症狀是注意力不集中、過動和容易衝動這三點。最常見的情況就是小孩子在上課時坐不住。

選擇丟棄」，而「不知道該買還是不該買的時候，就選擇不要買」。

另一方面，**許多完美主義的人似乎也不擅長整理**，因為他們總是認為「決定去做就要做到最徹底」，結果在開始動手前就先失去動力。這樣的人，

不可以一下子就設定太大的目標，應該先從小目標做起，例如「先整理一個抽屜」，藉此得到成就感之後，就容易繼續整理下去。

這些人無法順利整理家裡

不會整理家裡，已經到達影響生活的地步，可能是罹患AD/HD。但如果單純只是「不喜歡整理」的程度，或許只是因為以下的性格所致。

〈完美主義〉
整理的時候
力求完美，
因此想到就覺得累，
導致遲遲
無法動手
〈優柔寡斷〉
無法判斷
「要不要丟掉」
〈心理上沒有餘裕〉
連家裡一團亂
都不在意
〈家庭環境〉
和母親一樣
都不擅長整理，
腦海裡沒有一個整理
的榜樣
〈對丟棄一事懷有罪惡感〉
從小就被教育成
「要珍惜東西」，
對於丟棄一事
懷有罪惡感

3

想要的東西無論如何都要得手

想得到他人認同自己存在價值的欲望表現

人類的欲望需求分為五個階段

對各位而言，目前心裡最大的願望是什麼呢？想要一位情人、想要升職，希望考試能夠合格、想要成名……。

每個人的**願望確實各有不同**。**願望這個詞也可以置換成「需求」**。人類的欲望，就像天上的星星一樣多，在各位的周遭，應該也有那種什麼東西都想得到的人，也有人得到一樣東西之後，又繼續追求下一樣。

美國心理學家馬斯洛*將人類的需求，分成如左圖的五個階段。愈低階的需求就愈是強烈，馬斯洛主張當**低層次的需求滿足之後，人們就會追求更高層次的需求**。

在現代的日本，應該只有少數人「生理需求」與「安全需求」沒有得到滿足。只要是身心健康的人，就會追求「社交（愛與歸屬）需求」，當該需求滿足了之後，就會放眼追求更高層次的「尊重需求」。當人們在歸屬於某個團體，得到同伴之後，下一步就是希望自己在該團體中，可以得到他人認同其存在價值，同時也萌生獲得他人稱讚的需求。

舉例來說，在各位的周遭，如果有些人頻頻做出引人注目的行為，很可能就是他們的「尊重需求」沒有得到滿足。各位如果能夠意識到自己在這五個階段的需求中，哪一項沒有得到滿足，或許就能夠用另一個角度來自我檢視。

＊**亞伯拉罕．馬斯洛**（Abraham Harold Maslow） 被視為是人類心理學家的開山始祖。馬斯洛提倡五階段需求學說也稱為自我實現理論，經常被活用於經營學等領域。

馬斯洛的五階段需求層次理論

馬斯洛將人類的需求分為以下五個層次，當下層需求得到滿足後，就會萌生出更上一層的需求。人類的需求就是如此循序漸進，最終目標是達成自我實現需求。

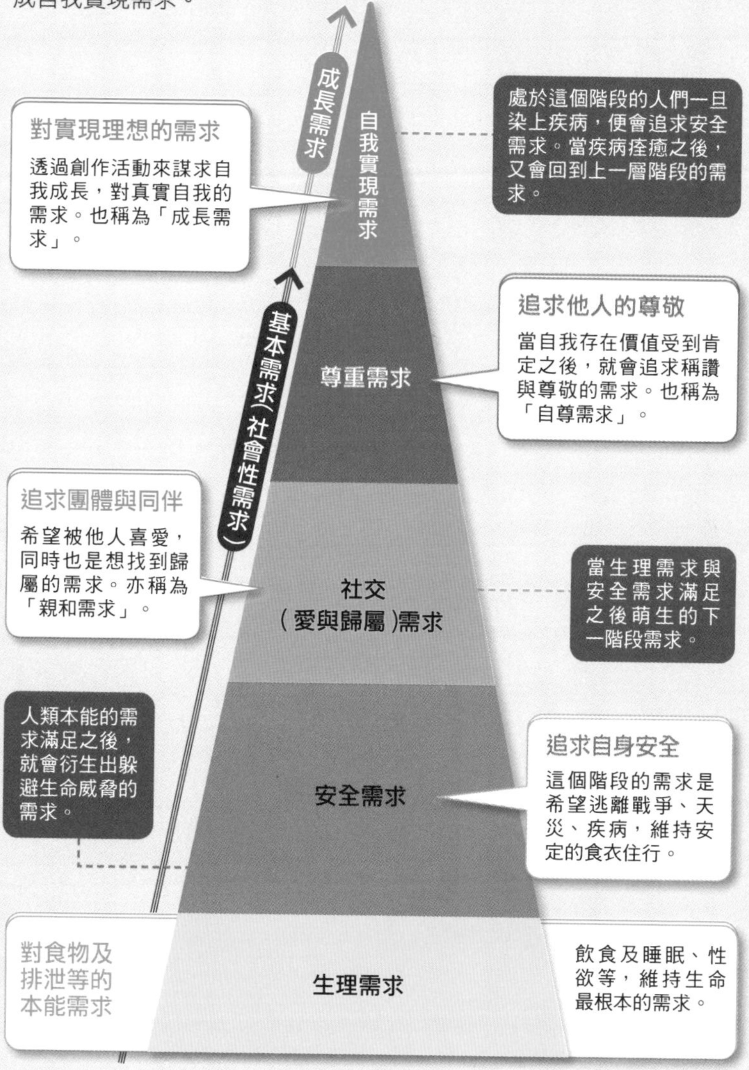

尊重需求
社交（愛與歸屬）需求
安全需求
生理需求
對實現理想的需求
透過創作活動來謀求自我成長，對真實自我的需求。也稱為「成長需求」。
處於這個階段的人們一旦染上疾病，便會追求安全需求。當疾病痊癒之後，又會回到上一層階段的需求。
追求他人的尊敬
當自我存在價值受到肯定之後，就會追求稱讚與尊敬的需求。也稱為「自尊需求」。
追求團體與同伴
希望被他人喜愛，同時也是想找到歸屬的需求。亦稱為「親和需求」。
當生理需求與安全需求滿足之後萌生的下一階段需求。
人類本能的需求滿足之後，就會衍生出躲避生命威脅的需求。
追求自身安全
這個階段的需求是希望逃離戰爭、天災、疾病，維持安定的食衣住行。
對食物及排泄等的本能需求
飲食及睡眠、性欲等，維持生命最根本的需求。

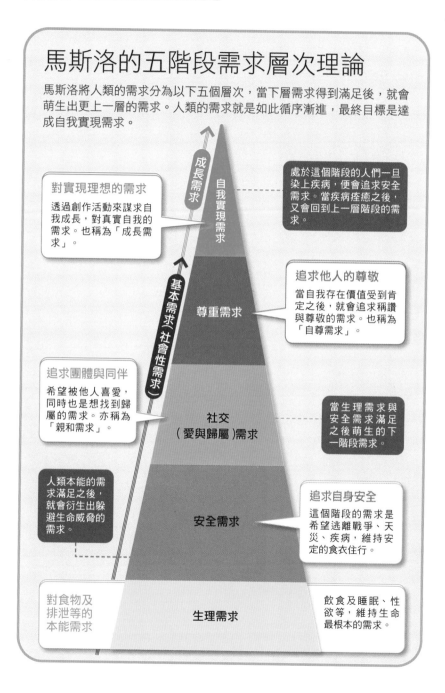

成長需求
基本需求（社會性需求）

4

喜歡對陌生人講述自己的經歷

希望自己的人生得到肯定

老人總喜歡對陌生人談論自己的經歷

各位是否有這樣的經驗？在電車上，偶爾會有未曾謀面的老人坐在我們旁邊，接著便開始講述自己的經歷。「我以前在公司裡曾經擔任要職」、「年輕的時候常被稱為美女，而且身邊不乏追求者哦」、「老家經濟富裕，我曾經搭自家用小飛機到銀座去購物」，這些老人談論的事情，最大的特徵就是**圍繞在財富與成功的物語***。

在計程車上、醫院候診室或是養老院的大廳，各種不同場合，我們經常都能聽到相同的對話內容。這些人為什麼總喜歡和陌生人講述自己的人生經驗呢？

將平凡的人生編織成「物語」

當一個人的人生即將到達終點時，心裡便會產生一股對自己的一生過得好不好的不安感，於是就會**想要找人說話，希望獲得肯定**。這個時候，**談話時在無意識間，多少會加入誇張的修飾，或憑空捏造自己的角色**。這樣的心情，我們也並非無法理解。對於絕無僅有的人生，每個人都希望自己與別人不同，希望自己度過最特別的一生。

在這樣的情況下，未曾謀面的人就是最適合的談話對象。面對自己身邊的親朋好友，自己是他們現實中存在的人物，因此難以編造自己精彩的人生。假設對自己的親戚訴說自己的經歷，對方很有可能會敷衍地回應：「奶奶，妳不要再說那些誇張的故

＊**物語**　經過整理成為文章的敘述，亦即故事。意指說話者向他人傳訴，敘事性內容的作品。這多屬於「編造的事情」。

事好不好？」

向未曾謀面的陌生人，比較容易開口談論自己的身世經歷，這樣的情況就稱為**路人效應**，或是**老水手效應**。這個詞彙的由來，是想像一名老水手，向人訴說過去種種冒險經驗的景象。

時至今日，在計程車內或許會出現這樣的對話：「我當上部長的時候，公司的業績才開始蒸蒸日上……」、「您真是太厲害了」。計程車司機這個職業，經常可以窺見各式各樣的人生。

柯立芝的《古舟子詠》

英國詩人山謬・柯立芝與另一名詩人威廉・華茲華斯，以匿名形式合著出版《抒情歌謠集》，卷首刊載的就是這首《古舟子詠》。本篇提及的老水手效應，即是以這首詩的故事做為典型的範例。

古舟子詠

七部六百二十五行長詩的摘要

老水手在某一場婚禮遇到三名年輕人，他叫住了其中一名，接著向他訴說自己過去的航海經驗。老水手的奇妙經歷，讓年輕人聽得入迷。

過去，老水手搭乘的船隻遇上暴風雨，漂流到了接近南極的一處冰海，突然有一隻信天翁飛了過來。由於老水手射殺了那隻信天翁，便受到咀咒，他的船隻向南直航停在赤道。此時老水手口渴難耐，突然間有一艘周圍飄著鬼火的幽靈船出現。最後，除了老水手之外的船員全都死去。老水手懷抱著孤獨及後悔，痛苦地活著，某天晚上，在皎潔的月光中，老水手看到一條海蛇，於是他對海蛇訴說祝福，咀咒因此被解除，老水手終於可以回國。

最後，老水手向年輕人訴說，自己帶著懺悔的心情四處旅行，對神明和萬物都心存敬意。

5

足不出戶，成為尼特族

看起來很怠惰，因焦躁與不安而感到痛苦

據說足不出戶的繭居族已經達到一百萬人

繭居族意指：「關在自家房間裡六個月以上，不去學校或公司，也不參與社會活動的人」。也可以說親近的人只限定於自己的家人，生活在這種環境的狀態。

被稱為繭居族的人，每年都有增加的趨勢，根據推測，目前日本國內約有五十萬至一百萬人。過去的繭居族主要是**十幾歲到二十幾歲年輕人**，最近年齡層**已經擴展到四十歲以上**。

繭居族的形成原因，大致可以分為兩種類型。一種是因為**憂鬱症、精神病或學習障礙**＊**等精神上的疾病所引起**。這樣的案例都是因為精神疾病造成無法參加社會活動的狀態，病患大多也同時伴隨著幻覺與妄想。

另一方面，**有些案例並非由精神疾病引起**，一般人認知的繭居族，大多是指這個種類。**這類案例有六到八成是男性，其特徵是多出生於高學歷家族。**

想上班卻無法上班的情況

尼特族（NEET）意指：「不升學，單身、沒有從事有收入的工作，年齡約在十五到三十四歲」。二〇〇五年內閣府（譯注：相當於台灣的行政院）調查顯示，日本國內約有八十五萬人可分類為尼特族。**成為尼特族的案例中，多數人是因為學生時代**

＊**學習障礙** 亦稱為LD（Learning Disorders），智能發展並不比平常人遲緩，但對於讀書、計算及運動等特定領域有著難以克服的困難。

飽受挫折，或是出社會後無法適應各種隔閡。其中，有些人是因為受傷或生病而無法保有足以工作的健康狀態，也有人因為母語不是日本語難以找到工作，還有經濟能力難以負擔上學所需費用的人。

繭居族與尼特族，這兩個詞的共通之處，就是都帶有「怠惰」、「依賴」等否定意義。但是，這兩種人心裡都**存在著不安與自卑感，也是令他們無法參予社會活動的原因**。若是家裡有繭居族、尼特族，與其急著尋求解決之道，最好還是找專業人士諮詢較為有效。

繭居族的特徵

成為繭居族原因各有不同，以下列舉的特徵並非適用於所有人。再者，就算在學校受到欺負而拒絕上學，也有許多人不會成為繭居族。

- 在學校被欺負或是考試成績不理想等，或許會是成為繭居族的導火線。

- 從二十幾歲後期開始，足不出戶持續六個月以上。
- 80%以上有拒絕上學經驗的人，從此時開始不再出門。

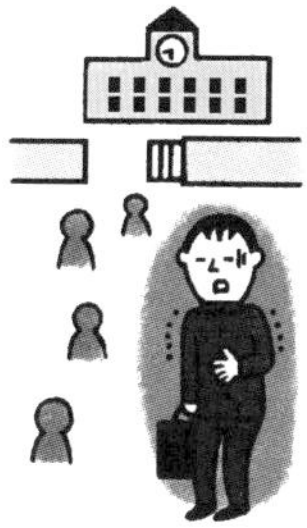

- 也有些人生活作息日夜顛倒，並且陷入失眠的情況。

- 害怕與人接觸，心裡充滿不安，並對此感到痛苦。
- 也有些案例會對家人使用暴力。

- 對於自己足不出門的狀態感到焦躁或自卑。

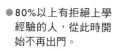

6

經常在網路上留言

不擅長處理人際關係，卻想要與人親近的矛盾心理

在社會上引起騷動的作弊事件

不久之前，有一起**利用提問網站＊來作弊的事件**。這起事件發生在大學入學測驗，有人使用智慧型手機在網站上提問，並且利用網友的回答來解題。當然，在網站上回答問題的人，並不知道提問者正在參加入學測驗，就另一層意義來說，他們也是受害者。

除了這個例子之外，我們還能在網際網路上找到許多**免費提供情報**的網站。在部落格的意見欄或是留言板上**留言＊不會受到任何限制**，而許多人也會在這種地方付出自己的時間和勞力。明明回覆留言不能得到任何回報，為什麼這些人願意回覆呢？

在網路上滿足自我表現欲

當然，在那些網站上留言回覆的人，有些單純只是抱著親切的態度，認為只是「把自己知道的事情告訴別人」。

另一方面，有些專業領域的提問，就是讓人展現知識的機會，或許有人藉此滿足自己的**優越感**，再者遇到對人生感到迷惘的提問，就有人會趁機高談闊論自己的人生觀。

在這樣的網站上**聚集了很多人，已然形成一種溝通模式**，這也是一個重點。在這個**想像的空間**裡，透過文字交流是一種樂趣，也可以滿足向他人展現自我存在的需求。

現代人**就算對人際關係感到苦惱，心裡還是抱持**

＊**提問網站** 只要在網站上提問，就會有多數不特定人士回答問題的交流網站。例如「Yahoo 知識家」、「OKWave」、「教教我吧！ goo」等。

著想要和別人親近的矛盾想法。能夠滿足這樣的需求，最方便的工具就是網路上的交流。

在這個獨特的世界裡，人們可以自由自在地選擇要不要加入談話，也可以表現出與現實世界不同的人格，這一點和傳統面對面的溝通模式大不相同。

在網路中，許多人覺得比現實世界還要自在，這些人就容易沉迷於網際網路上的交流。而相信各位也知道，這樣的現象也衍生出不少問題。

讓人變得殘酷的網路匿名性

有實驗證明在不會留下明確證據，恐怕無法追究責任的狀況下，人們會變得極具攻擊性。而網際網路就是因為這樣的匿名性，進而引發諸多問題。

鬧場

極具惡意，被稱為「鬧場」的留言，在 2ch（譯注：類似台灣的 ptt）這個巨大的留言板上屢見不鮮。

炎上

因為偶發性的情緒失控，部落格就會產生「炎上」現象，經常有部落格為此關閉。

↓

過度謾罵或責怪他人，因為具有匿名性，攻擊的一方不管使用多麼嚴厲的語言，自己也不會受到傷害，但是遭受攻擊的一方卻會認真接受這些激烈的責罵，有些人還因此產生心理上的傷害。

＊**留言** 意指在電子留言板上寫下自己的意見或提供情報。留言者可以回應部落格執筆者的發言或行為，當大量批評、責難或是 Track back（文章轉載）的情況發生時，在日本稱為「炎上」（譯注：類似台灣 ptt 的「爆」或是「X」）。

7 不管任何場合，總是坐在後方

接近喜歡的事物，遠離討厭的事物

物理上的距離與心理上的距離

假設我們去參加一場自由入座的課程或是演講會，不知道各位會坐在什麼位置？是離講台較遠的地方？還是接近講台呢？或許坐什麼地方會因課程及演講題目而不同。那麼，如果去看喜歡的歌手現場演唱，大多數人應該都想坐得愈前排愈好吧。

在心理學上，有一個理論說明**對方與自己在物理上的距離，其實和心理上的距離呈正比**。簡單來說，就是面對喜歡或是有興趣的事物，就會想辦法靠近，相對地討厭或沒興趣的事物，就會盡可能遠離。坐在後方的位子，除了不想引起注意之外，還有這一層心理狀態在作祟。

若是心想「希望和這個人更加親近」

從前述人與人之間的距離來反推，只要能夠在物理上接近對方，就能**縮短與那個人心理上的距離**，這樣的情況就稱為「**博薩德法則**＊」。美國心理學家**博薩德**以五千組訂婚的情侶為對象，調查兩人之間物理距離與實際結婚的關係。結果發現，兩人的距離愈遠，最後結婚的機率就愈下降。

因此，如果各位想和某人拉近關係的話，就想辦法坐到離對方愈近的地方。但是，**面對面相視而坐會增加緊張感**，所以還是避免坐在對面比較好（➡P152）。最理想的座位就是坐在對方旁邊又正好是桌角，如果沒辦法選到這樣的座位，就算是比鄰而坐也無妨。

＊**博薩德法則**　男女之間在物理上的距離愈是接近，心理距離也會愈靠近。博薩德的調查顯示，訂婚中情侶有 33% 都住在半徑五個街區以內。

此時，若是對方若無其事地起身，企圖換到另一個座位的話，就代表你已經踏入他的**個人空間**（⬇P122）。愈是內向的人，個人空間的範圍就愈大，若是太過靠近，會讓對方察覺你的企圖，進而保持警戒。

相對地，外向的人個人空間就愈狹窄，若是想和對方拉近關係，保持密切的聯繫或許可以帶來不錯的效果。

想要遠離嫌惡事物的心理

從這一節我們可以了解心理上的距離與物理上的距離呈正比。人們在無意識中，會靠近喜歡或感興趣的事物，而會遠離討厭或沒興趣的事物。

坐在離講台較遠的位子

↓

嫌惡意識的表現

坐在離講台較近的位子

↓

代表有興趣

想要親近某人時，就盡量坐得靠近一點

最佳位置是與對方相鄰的桌角，但是必須考慮是否侵入對方的個人空間。

8

把私人物品帶到職場

主張自己的地盤（Personal space）

任何人都有私人領域的意識

人們不管在什麼地方，**心理上都會有一塊拒絕他人侵入的個人空間**（Personal space）。這一塊空間的範圍大小，會因為對方是陌生人或是朋友而不同，除了對象因素之外，個人空間也會因應情況而變化，**總之只要有人跨越這條邊界，就會讓人感到不愉快**。

舉例來說，在空蕩蕩的電梯內，要是有人刻意站得很近，此時我們心裡不僅只是感到不安，甚至會覺得恐懼。這是因為雙方的關係並不親密，而對方卻踏入不可侵犯的領域。

在辦公室裡，面對的人都是同事或上司，與對方的距離就算有些接近也無妨。但是，如果對方侵入到如家人一般的距離，就會讓我們感到不自在。在這個場合中，**個人空間大約就是一張桌子**，這樣形容應該比較簡單明瞭。

以上所舉的例子會讓我們聯想到，有些人會**在辦公桌周圍擺放許多與工作無關的私人物品**。就心理學的角度來看，這樣的行為可以視為是一種**主張自己地盤***的行為。

一般來說，雄性動物的地盤意識會比雌性來得強烈。人類也是一樣，在同樣的狹窄房間內，比較一群男性同時進入的情況，以及一群女性同時進入的情況，女性會表現出和諧的氣氛，而男性則是充滿攻擊性。

＊**地盤**　勢力範圍、領域。動物的個體或團體為了保有自己的生活場所，不允許其他個體或團體入侵的占領地區。

了解對方心理的八種距離

美國文化人類學家愛德華・霍爾將人際關係依交流種類分成四種，同時每一種又依遠近分成兩類。與他人相處時，心理及物理上的距離該如何取捨，下方分類表可做為參考依據。

親密距離 	近範圍（0～15cm）	相當親近的兩人保有的距離。以愛撫、格鬥、安慰、保護為目的，大多是為了藉由語言及相互間的肢體接觸來交流。
	遠範圍（15～45cm）	觸手可及的距離，是親近的兩人保有的距離。在電車等擁擠的場所，經常會和陌生人接近到這樣的距離，此時心裡就會感到一股壓力。
個人距離 	近範圍（45～75cm）	伸出手可以觸摸到的距離，是情侶及夫婦之間最自然的距離，若是和其他異性保持這樣的距離，容易讓對方產生誤解。
	遠範圍（75～120cm）	雙方伸出手可以觸及的距離，經常用於對他人傳達訊息時。
社交距離 	近範圍（120～210cm）	難以產生肢體接觸的距離，適合用於工作上與同事之間。
	遠範圍（210～360cm）	正經談論公事時保持的距離，在這樣的距離下，想要做什麼事情，可以不必在乎對方的感受。
公眾距離 	近範圍（360～750cm）	難以察覺對方的表情變化，但是可以輕易溝通，也可以提問與回答的距離。
	遠範圍（750cm～）	演講和發表場合的距離，難以一對一的對談，必須搭配肢體語言來交流。

9

因為壓力而大吃大喝

也有可能從「暴飲暴食」轉變成飲食障礙

男性「暴食症」也在增加當中

厭食症與過食症都是名為**飲食障礙**＊的一種病，正如許多人經常聽說的，有些人是因為**太想變瘦**而罹患厭食症。

這類原因造成的飲食障礙，一般人的印象都是「年輕女性的精神疾病」，但實際上目前罹患飲食障礙的男性也在增加中。

各位是否有聽說過「**暴食症**」這個病名？這種病徵就像超乎常理攝取大量食物的過食症一樣，**由於暴食症並沒有催吐或濫用瀉藥做為代償行為，病患的體形會漸漸肥胖**。

伴隨這樣的現象，這些病患染上脂肪肝、脂質異常症（高血脂症）等生活習慣病的機率也隨之提高。**病患的男女比例約為一比一，年齡有比過食症病患還大的傾向**。

暴食症的病患，**因為對過度飲食一事感到羞恥及罪惡感，幾乎都是躲起來大吃大喝**。吃喝完之後他們會感到極度後悔，心中深深感到自我嫌惡及抑鬱情緒。病患容易併發憂鬱症、恐慌症及精神分裂症等，也是特徵之一。

暴食症的成因，主要是**慢性壓力引發血清素不足，因此就算吃得再多也不會有飽足感**。建議利用吃東西來減輕壓力的人，應該尋找其他方法來消除壓力。在陽光下健走可以增加血清素，就是一個值得嘗試的方式。

＊**飲食障礙**　成因有三：①厭食症、②過食症、③難以確認。飲食障礙雖然可以歸類為在③這個項目內，但二〇一三年醫學界發表的 DSM-V（Diagnostic and Statistical Manual：精神疾病診斷與統計手冊）草案，將該飲食障礙單獨列為一種疾病。

飲食障礙與血清素

飲食障礙的原因是血清素不足，到底血清素對食欲有什麼作用呢？

分布於腦內的血清素

血清素大多存在於小腸內，但是全數約有2%對腦內的精神活動有極大的影響。

血清素是什麼？

血清素會對腦內多巴胺(Dopamine：掌管喜悅、快樂)與正腎上腺素(Noradrenaline：掌管恐懼、驚嚇)等神經傳導物質產生作用，抑制上述情緒不至於失控，是一種維持心情平衡的腦內傳導物質。

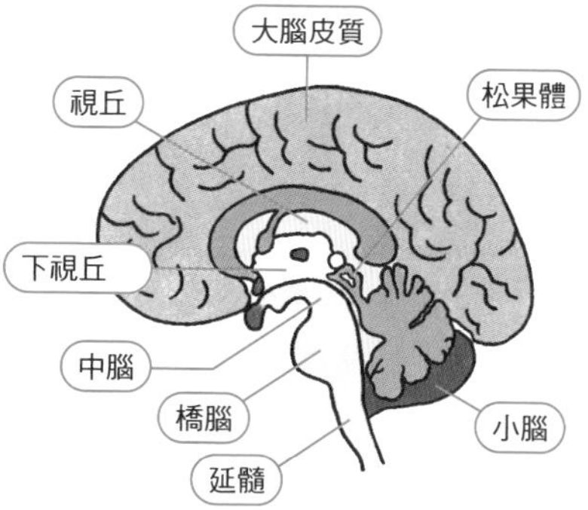

- 慢性壓力
- 日夜顛倒的生活節奏
- 因遊戲造成的腦部疲勞
- 運動不足
- 年齡增長

→ **血清素不足**

- 憂鬱狀態
- 情緒不穩定
- 暴力傾向

- 無法控制食欲

↓

飲食疾患

→ **為了增加血清素**

- 提早起床，打開窗戶曬太陽
- 深呼吸慢慢伸展腹部

- 在陽光下健走

10 戒不了賭博惡習

偶爾得到意外之財，感受到「部分強化」的魅力

賭博讓人著迷，難以戒除

將柏青哥、賭馬及賭自行車比賽當成興趣無傷大雅，但若是**不知節制沉迷於賭博**則是一件恐怖的事情。據說日本全國有一百萬至兩百萬人沉浸於柏青哥無法自拔。散盡家產導致眾叛親離的例子也是時有耳聞，其中更有人債台高築，最後走上絕路。還有雙親沉迷於柏青哥，將小孩留置在車內結果中暑死去。每年都可以看到叫人心痛的新聞報導。

當然，沒有人從小就染上賭博成癮*。歸咎成因，多數人一開始都是為了排解壓力或打發時間，帶著輕鬆的心情把賭博當做消遣。但是為什麼最後總是會造成無可挽回的悲慘結果呢？

偶爾賭中一把，正是讓人認真起來的原因

賭博並不會因為投入愈多金錢就能增加中獎機率，但是人類心理會有一種「**部分強化**」效果，意思是說**從事某種行為的時候，偶爾會得到報酬（回饋）的情況**。相對地，**必然會得到報酬的情況則稱為「全部強化」**。雖然肯定會有回饋的「全部強化」看起來是比較理想的投資，但人類的心理就是這麼奇妙，對於沒有變數的全部強化興趣索然。偶爾出其不意發生的「**部分強化**」，**當賭中的時候帶給人們的快感極大無比，此時心中的喜悅叫人無法遺忘，宛如迷幻藥一般叫人無法自拔。**

*__賭博成癮__ 世界衛生組織（WHO）認定這是一種病症，正式醫學診斷名稱為「病態型賭徒」。多數病例都是在身陷多重債務問題後，診斷出罹患此病症。

彩券不會導致家破人亡的原因

就部分強化的意義來說，**彩券**也具有相同的性質，但我們很少聽說：「因為沉迷彩券而家破人亡」。那是因為除了一部分的彩券之外，**大多數的彩券從買了之後到開獎都要等待一段時間**。而這段時間就是冷卻期，會讓人不再一頭熱。

然而，柏青哥、賭馬跟賭自行車比賽這一類賭博，因為馬上就能知道結果，而且中了的話彩金很高，因此，很容易讓人在無意間失去冷靜，等到回過神來已經欠下一屁股債。這種情況叫做**「即時性結果」**，不過以即時性的觀點來看，**猜拳**也有一樣的效果，但是猜拳取決於運氣的因素又太重，這一點反而又很不可思議地會讓人不感興趣。因為能夠讓人得到快感的重點是「自己的推測準確無誤」，總之就是可以感受到自我效能，這一點更是讓人沉迷的強烈誘因。

心理學小常識　期待「一舉逆轉」

在「部分強化」當中，報酬金額的變動稱為「不確定性強化」。像柏青哥和賭馬這些以小博大的種類都屬於不確定性強化，也是最容易讓人上癮的賭博模式。

舉例來說，我們最常聽見賭徒這麼說：「已經輸這麼多了，差不多也該時來運轉了吧」。這種想法只是毫無根據的偏執念頭，在輸了一大筆錢的時候，就自以為是地相信機會已經來臨。於是開始期待「只要賭中一把，就能贏回之前輸掉的錢」，最後把身上所有的錢都輸得精光。如果是彩金固定的「確定性強化」，人們應該不至於會賭上所有家產。會讓人散盡家產的賭博，都是這種有可能一舉逆轉的類型。

II

戒不了抽菸惡習

生理及心理雙方面的成癮狀態

抽菸是由兩種成癮因素所造成

近年來，拒絕菸害已蔚為風潮，抽菸者的社會地位愈來愈低落。有許多癮君子心想：「乾脆趁這個機會戒菸算了」。但是，當抽菸者聽到戒菸有多困難時，在採取行動之前就會直接打消念頭。

人們常說抽菸這個行為是由兩種成癮因素所造成，第一種就是**尼古丁中毒**（**尼古丁依賴症***），就是身體依賴尼古丁的狀態。一旦體內的尼古丁成分減少，就會出現「焦慮不安」及「精神無法集中」的症狀。

一天抽二十五根香菸的人，或是一起床就要抽菸的人，有可能就是染上尼古丁中毒。

另一種是**心理上的成癮**，這是一種**長年抽菸養成習慣的依賴症狀**，「不抽菸就覺得嘴饞」或「一閒下來就想抽菸」都是心理上的成癮原因。起床後三十分鐘以上才抽當天第一根菸的人，有很高的機率可以推斷是心理上的成癮。

戒菸必須想辦法轉移注意力

尼古丁中毒的抽菸者可以利用尼古丁藥劑來克服菸癮，但是**想要戒斷心理上的依賴，最重要的一點就是要重新審視自己的抽菸習慣**。幾乎所有的抽菸者都有一套行為模式，像是「飯後一根菸」或是「喝咖啡就想抽菸」。只要打破這些行為模式，自然就能降低對香菸的依賴程度。

＊**尼古丁依賴症**　屬於藥物依賴症的一種。在精神醫學上被視為是物質依賴的一種精神疾病。尼古丁主要存在於菸草當中，具有即效性的強烈神經毒素。

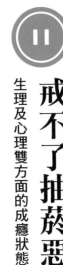

抽菸者可以試著寫下一天當中，什麼時候會想抽菸。由於一次要戒斷所有抽菸的行為模式，是一件非常痛苦的事情，首先就從抽菸欲望最強烈的模式開始戒起，把抽菸置換成其他行動，除此之外想抽菸的時候就繼續抽。這樣的做法就是**不壓抑所有欲望，只是想辦法轉移注意力**。如此一來，情緒上就不會感到壓抑，能夠慢慢改變習慣，戒菸的成功率也會大為提升。

戒菸的代償行為

想抽菸的時候，就採取替代行為來轉移注意力。不需要馬上戒除所有抽菸欲望，一開始只要慢慢改變，就能提高戒菸成功率。

焦慮不安的時候

- 喝熱茶
- 聽音樂

- 做伸展運動

- 找人說話

嘴饞的時候

- 刷牙
- 嚼口香糖或吃魷魚絲

閒下來的時候

- 打掃
- 做手工藝或模型

12 不停考取證照

任何可能性都不放棄，無法決定自己的生存方式

考取證照後，什麼時候派上用場？

各位身邊是不是有人會不斷地致力於考取各種證照呢？例如英檢、TOEIC、建築師執照、會計師執照、居家護理師執照、室內設計師執照……。也有人認為考取這麼多執照，結果根本不知道具體目標為何。雖然積極考取執照的人，看起來非常有上進心，但是這些互相沒有關聯性的執照一字排開，看起來只不過是被商業手法矇蔽，花錢取得證照而已。

在此我想向各位介紹「**尚在尋找者**＊」這個詞彙。這個詞在經濟學領域的意思是「**延期償付期間**」。心理學家**艾力克．埃里克森**＊將這個詞彙的意義套用在社會心理學上，定義為「二十來歲的青年，不論在智能、體能方面是否已成熟，為了習得知識與技能，延後身為社會人士需負擔的義務與責任，這個時期就稱為未定型認同」。這個定義本身並沒有帶有負面意義。

然而，自越戰之後，滯留於未定型認同狀態的青年人口開始增加，同時更擴張到青年期之外各年齡層，形成一種社會問題。現代日本稱這種人為「尚在尋找者」，意指「**過了青年期卻無法善盡社會責任與義務的人**」，這個詞彙也因此帶有負面意義。

無論何時都在尋找自我的人們

當我們問孩子將來有什麼夢想，經常會得到這樣

＊**尚在尋找者**（Moratorium）　精神科醫師小此木啟吾在自身的著作《尚在尋找者的時代》（一九七八年）中指出，現代人心中無法確立社會性認同的心理構造已經成為一般性的現象。

的回答：「我想成為足球選手，也想成為漫畫家」。但是，不是所有夢想都能實現。每個人一生之中都必須一邊做出取捨，一邊發掘屬於自己的道路。青年期就是尋找自己適合的路並決定志業的時期，因此未定型認同是必要的過程，但是現代人即使過了青年期，還是積極地投身於未定型認同，而且這樣的風潮愈來愈盛行，變成永遠都在找尋自我認同。

所謂尚在尋找者，就是**深信自己具有諸多可能性，並且無法割捨任何一種可能性**。他們對人生的態度不是「選擇這個或是那個」，而是**「這也想要那也想要」**。一頭熱考取證照的表現，其實就是為隨時能夠轉換跑道做準備。因此，他們對組織、集團、國家及社會的歸屬感都很薄弱，面對任何事情都只有三分鐘熱度，無法覺悟為某件事賭上一切。這種人剛畢業進入公司成為新人後，經常在一年不到就換工作，我們可以說未定型認同的心態就是心理因素之一（➡P206）。

心理學小常識

認同迷失帶來的心理危機

艾力克・埃里克森認為人類在青年時期，透過思考「自己的存在意義」、「將來該如何生存」、「該從事什麼職業」等問題，逐漸找出自己應有的面貌。經過這些心理上的糾結，建立起「真實的自己」，這樣的具體形象稱為「自我認同（建立認同）」。艾力克同時主張，人類一生中必定會歷經數次自我認同過程。

另一方面，無法獲得自我認同，處於「不知道自己的存在價值，不知道自己該做什麼」的狀態稱為「認同迷失」，是一種危險的心理狀態。

＊**艾力克・埃里克森**（Erik Homburger Erikson） 出生於德國的心理學家，在維也納拜於安娜・佛洛伊德門下，取得美國籍之後開始從事青年心理治療工作。最著名的心理學理論是「認同」概念。

13

在宴席中不發一語

無法與他人自然聊天的閒聊恐懼症

經常感到疏離的閒聊恐懼症

各位是否有這樣的經驗，在某個宴席中，碰巧坐在身邊的人一直不說話，結果讓場面變得十分尷尬。有些人初次見面就能與他人和睦地聊天，但也有些人一直都放不開。雖然我們可以用一句「每個人個性不同」來帶過，但是其中或許有人患有**閒聊恐懼症**。

閒聊恐懼症是**人群恐懼症**＊的一種，由於過去的失敗經驗，心裡面會產生一股**「自己不會說話」的強烈想法，最後導致無法與他人自然對話的狀態**。這種人在工作場合中必須發言時能夠正常說話，但是遇到不說話也無妨的情況時，就會極度避免開口說話。

因此，在美容院或宴席間閒聊對他們而言是一件痛苦的事情。他們對於身邊快樂地談笑風生的人們感到疏離，也經常為此陷入情緒低落的狀態。但其實很多人在閒聊時，也是百般不願意卻又不得不為之……。

事實上，據說**人群恐懼症是日本人特有的文化束縛症候群**。在日語中有一個新生的詞彙叫「ＫＹ＊」，日本社會中**對個人自由的重視程度遠不及整體協調性**，或許這正是造成人群恐懼症的原因。倘若日本人會因為太過在意他人眼光而變得畏畏縮縮，或許學習歐美人士尊重個人主義，也是解決這種症狀的一種方法。

＊**人群恐懼症** 精神病的一種，也稱為社交焦慮症。輕微的情況是「容易緊張」，在人前不管做什麼事情都會感到極度緊張及恐懼，出現面紅耳赤、冒冷汗等症狀。

人群恐懼症的主要症狀

倘若各位自己本身有人群恐懼症的傾向，只要厚臉皮一點，心想：「就算做不好也無所謂」。

臉紅恐懼症

面對人群就面紅耳赤，並且過度敏感地認為別人都在嘲笑自己的模樣。

發汗恐懼症（多汗症）

面對人群或是感到不安時，就會異常地大量流汗。這種症狀分為全身性多汗症與局部性多汗症。

體臭、口臭恐懼症（嗅味幻覺）

以為自己體臭和口臭濃烈（事實上並非如此），進而引起害怕被人討厭的不安情緒。

視線恐懼症

過於在意周遭的視線。分為自我視線恐懼、他人視線恐懼、正視恐懼等種類。

顫抖恐懼症

在他人面前就會嚴重發抖的症狀，例如會發生在交換名片或是公開演奏的情況。

飯局恐懼症

和別人一起用餐時會失去食欲，或者有嘔吐、食不下嚥的感覺，情緒極度緊張。

演講恐懼症

在學校或會議、喪葬喜慶的場合，面對群眾公開演說時會異常緊張，腦袋陷入一片空白，說不出話。

電話恐懼症

在辦公室等場所，自己的電話響起，害怕被他人聽到談話內容，心情緊張到不敢接電話。

書寫痙攣（手震）

在喪葬喜慶的接待桌前簽名，或是在契約上簽名等場合，在他人面前書寫文字時手部極度顫抖。

＊ KY 這個詞取自「空 、 めない（Kuuki Yomenai）」這兩個字的羅馬拼音第一個字母，意指「搞不清楚現場狀況的人」。最初是女高中生的手機簡訊用語，例如：「那個人真的很 KY 耶」，進而普及到一般民眾也開始使用。

14 喜歡華麗的流行時尚

具有消除不安與自信不足的效果

自我表現欲望強烈的人，總愛穿著華麗的衣服嗎？

走在街上，我們總會看見有些女性全身穿得**華麗又時尚**。這個時候，一般人心裡的想法是什麼呢？我想大概脫不了以下的印象吧，「這個人應該自我表現欲望*強烈，喜歡引人注意」、「這個人應該對自己的品味和風格很有自信」。

但是，在心理學上並不認為「自我表現欲望強烈的人就喜歡穿著華麗的衣服」。反倒是**透過穿著華麗的衣服，來消除心裡的不安或自信不足**。

「身體形象邊界」具有盔甲的效果

心理學中有一個專有名詞叫做「**身體形象**」，意思是指**自己的身體帶來的印象**。

而**身體形象與外部事物的分界線就稱為「身體形象邊界」**，簡單來說就像是人類穿在身上的盔甲。

這套盔甲具有守護自己與外部事物的功能，但是有些人**沒有明確的身體形象或是外觀變化不夠顯著**，讓人看不出到底有沒有披上這層盔甲。這樣的人**經常對外界事物感到不安**，因此無法掌握與他人的距離，最後演變成無法順利對話的問題。相對地，**身體形像邊界明確而且外表變化顯著的人，總是可以自信滿滿去面對各種事情**。

缺乏自信就改變穿著與外表

＊**自我表現欲望**　在社會中極度希望表現自我存在的一種欲望，屬於人類的本能欲望之一。一般而言，人們對這些人的評價是「愛出風頭」。

各位會不會覺得當對自己平常穿的衣服感到不放心時，連面對事情也會變得不敢放手去做？相反地，一旦穿上成套的名牌西裝，許多人可能會變得充滿自信，行為舉止也變得積極起來。

事實上，**心理學家認為身體形象邊界會因為當事人的穿著而有極大的變化**。也因此就心理學的觀點認為「心裡感到不安的時候，就試著穿上高級服飾」。由於高級服飾可以讓人一眼就看出價值，因此也能夠輕易地提升身體形象邊界。

就這個思考邏輯來引申，平常穿著華麗的人，就是在無意識中確立了自己的身體形象邊界。若是各位希望「活得更加積極」，試著換上華麗的穿著，或許可以因此找到改變的契機。

心理學小常識

關於職務與服裝的監獄實驗

一九七一年美國史丹佛大學做了一項「史丹佛大學監獄實驗」，用來證明只要賦予一般人特殊的頭銜和地位，人們就會配合身分改變行為模式。

首先，他們在報紙上刊登廣告徵人參加實驗，並且利用抽籤的方式將受驗者分為「囚犯」與「監獄管理人員」兩個小組，並且各自讓他們穿上對應的服裝，模擬出真實監獄的實境。於是，受驗者開始忘記這只是個實驗，囚犯變得愈來愈像囚犯，而管理者的行為舉止也像是真正的監獄管理者。不久之後，管理者開始認真地使用侮辱性的詞彙來對待囚犯，而囚犯也出現憂鬱傾向。即使最初該實驗的條件並沒有要求他們必須這麼做，但是因為不同的職位及打扮，使得受驗者的人格也隨之產生變化。最後由於扮演囚犯的人精神上受到的傷害太大，原本預定實行兩週的實驗，縮短到六天就結束。

15

不斷接受整形手術

身體畸形性疾患讓人妄想自己「很醜陋」

深信自己「很醜陋」而不斷接受整形手術

任何人多少都對自己的外貌帶有自卑感，例如希望自己的皮膚再白一點、眼睛再大一點、鼻子再高一點……。雖然人們心裡抱持著這些自卑與不滿，但是在日常生活中，多數人還是會將這些煩惱暫放一邊，在工作與學習中忘掉自己對外貌的不滿。

但是有些人一整天都對自己的容貌十分在意，無時無刻都一直在照鏡子，或許就已經染上**身體畸形性疾患***。這些人對自己的臉孔或身體任何一個微小部分感到強烈的厭惡。「自己這麼醜陋，無法在外面行走」、「這張臉根本沒有活下去的價值，死了才是好事」，他們過度執著在這些妄想中，嚴重到罹患精神疾病的程度。**這些人大多數會接受整形手術，但由於自己的想法原本就缺乏客觀判斷，因此無法滿足結果，只能一再地接受手術**。最後他們開始逃避與人接觸，也有人因此成為**繭居族**（⬇P116）。

這種症狀與自卑感的不同之處為何？

雖然與**自卑感**的不同之處難以分辨，但**倘若影響到日常生活就屬於身體畸形性疾患**。永無止境的煩惱，即使想要壓抑也**無法控制心裡湧現的不安與恐懼**，這一點與**強迫症***（⬇P24）極為相似。罹患身體畸形性疾患的人會不斷地照鏡子，無時無刻都

＊**身體畸形性疾患**　也稱為畸形恐懼（Body Dysmorphic Disorder: BDD）。是一種由壓力所致，對身體及行為造成異常變化的身體性疾患。

必須檢視自己的外貌，但是另一方面又害怕拍照及錄影。有些人甚至無法拍攝履歷表需要的照片，導致不能順利找到工作。

根據美國的心理學家調查結果顯示，罹患這項心理疾病的人口約為1％，但病患不敢向他人坦承「醜陋的容貌讓自己感到痛苦」，因此可以推斷實際上病患的數量應該更多。也有些對妄想過於執著的重症病患，被診斷為**精神分裂症***（⬇P140）。

同時，這類病患大多極度貶低自己，進而引發憂鬱症也是特徵之一。

身體畸形性疾患的特徵

深信自己的容貌十分醜陋，但事實上並非如此。對日常生活是否造成影響是評斷罹病的基準。

身體畸形性疾患的症狀

認為自己很醜陋的強迫觀念

↓

- 害怕照鏡子。
- 必須不斷照鏡子，確認自己的容貌。

深信自己真的很醜陋

↓

- 不斷接受整形手術。
- 造成飲食障礙。

害怕出現在人群中

↓

- 成為繭居族。
- 執著地檢查容貌上某些部位。

↓

在意的外貌部位不只一處，臉孔、鼻子、骨骼及體型等，最後擴大到全身。大多發病於青春期，有些病例甚至持續到十年以上。

＊**精神分裂症**　病徵除了幻聽、妄想、思考異常之外，還包括意志消沉、自閉傾向。好發於年輕世代，在日本罹病率約占總人口1%。

16

明明不是艷陽天卻戴著太陽眼鏡

藉此表現出優於他人的心理，同時滿足變身欲望

太陽眼鏡能夠滿足變身欲望

過去，不是艷陽高照的日子卻戴著太陽眼鏡的人，會被認為是流氓。但是，最近愈來愈多人將太陽眼鏡當成一種時尚配件，不過這項配件和帽子或披肩卻有些不同。

人們常說：「眼睛也會說話」，從眼神中可以獲取許多情報，因此要是把眼睛隱藏起來，如果不是遇到熟人的話，在多數的情況下不會曝露身分。在報紙或雜誌上，刊載一般民眾的照片時，為了保護當事人，也會用黑色條狀物遮住眼部。

戴上太陽眼鏡，和雜誌上的黑色條狀物也有相同的效果，本人也會認為能夠藉此隱藏自己的身分。

自卑感強烈的人，也會因此感到較為自在。總而言之，太陽眼鏡是一種能夠輕易地**滿足「變身欲望」**的道具。

另外，藉由太陽眼鏡隱藏身分之後，還可以凝視對方而不被察覺，具有**在心理上取得優勢**的效果。美國曾經做過一項實驗，讓口吃*病患戴上太陽眼鏡後，他們就能毫無窒礙地說話。

難以得到他人信任

偶爾戴太陽眼鏡無傷大雅，但若是太常戴則會帶來不良影響。

人與人之間四目相望稱為**目光接觸**，心理學家透過實驗證實，經常與人目光接觸的人，會給人理

*口吃 在他人面前無法順利說話的一種疾病，例如想說：「早安」，卻會說成：「早、早、早、早、早安」，一直重覆同一個字。

性、有能力的印象，同時也比較受人喜愛。

然而，一旦戴上太陽眼鏡，就**無法與他人目光接觸，因此會讓人覺得：「不知道這個人在想什麼」，進而引起對方心裡不安**，結果導致難以讓人信任的後果，與他人的交流也會因此變得薄弱。

太陽眼鏡會帶給人壓迫感，除了刻意製造威嚴的形象之外，若只是把太陽眼鏡當成時尚配件的話，建議還是要有所節制。

各種場合中的目光接觸

人類自然不在話下，基本上所有哺乳類動物都會用凝視對方（目光接觸）的方式來溝通。

在運動賽事中

足球或是籃球等賽事中，選手們經常利用目光接觸，在對手沒察覺的情況下送出傳球的訊息。

與愛犬溝通

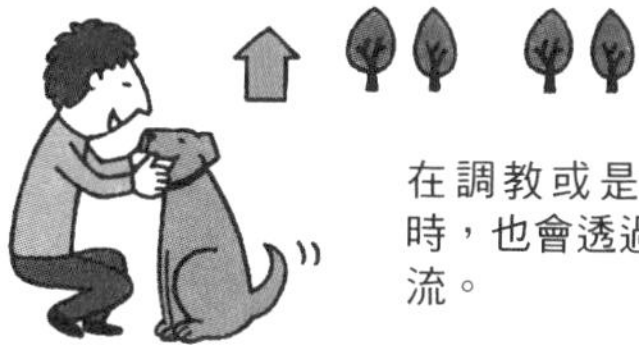

在調教或是誇獎愛犬時，也會透過眼神來交流。

過度的目光接觸

過度的目光接觸，會讓彼此之間關係更為緊張。在電車中，若是被陌生人盯著看，我們會覺得心裡不舒服，自然地移開視線。有時候也能透過目光接觸來給人施加壓力。

17 經常自言自語或發笑

若是身邊的人覺得「這個人好奇怪」，就有罹患精神分裂症的嫌疑

精神分裂症是常見的疾病

各位身邊是不是有**不明就裡地發笑，或是自言自語的人**呢？與這種人相處時，我們會覺得不知道對方在想什麼，甚至覺得有點可怕。

其實這種人有可能就是得了**精神分裂症**，這並不是一種罕見的疾病。據調查顯示，全世界不分國籍約有0.5～2%左右的人口罹患精神分裂症。另外據說胃潰瘍或十二指腸潰瘍等，這些消化性潰瘍的罹病率約為1～2%，因此從比例上來看，各位身邊若有人罹患精神分裂症也不足為奇。

精神分裂症的症狀分為「**陽性症狀**」、「**陰性症狀**」及「**認知異常**」三大類。

陽性症狀最顯著的病徵，是**妄想、幻覺及幻聽**，而且會**對著空氣發笑（一個人發笑）或說話（自言自語）**。**陰性症狀**的特徵是「**集中力不持久**」、「**意志消沉**」，屬於精神上的症狀，常讓身邊的人覺得「這個人在偷懶」，看起來不像是生病。**認知異常**的表現則是**和失智症相似**。

無論是哪一個種類，**病患本人沒有罹病意識***。雖然專家們推測，這些病症可能是腦部功能異常引起，但至今仍未找出真正原因。近年來，經臨床實驗證明，藥物治療成果可期。

* **沒有罹病意識**　病患有明顯病徵，但本人卻不承認，精神分裂症及酒精中毒病患經常有這樣的傾向。最大的問題是這些病患都不想到醫療機構就醫。

精神分裂症是什麼樣的疾病？

精神分裂症及憂鬱症是最具代表性的精神疾病，由於治療期間偏長，而且至今尚無有效治療方法，因此一般人容易對這些病患帶有偏見與誤解。目前醫師們漸漸傾向利用副作用較少的新藥做為主要治療方法。

精神分裂症的症狀

症狀種類繁多，主要可以分為三大類。

1 陽性症狀

- 情緒急躁，無法冷靜下來
- 陷入極度興奮狀態

除了妄想及幻聽之外，最明顯的動作是對著空氣發笑（一個人發笑）或說話（自言自語）。簡單來說就是突然想起什麼似地發笑，或是面對著空無一人的地方講話。

2 陰性症狀

- 注意力無法持續
- 對任何事物都提不起勁
- 懶得工作

罹病一段時間，症狀惡化之後，將演變成幾乎不離開房間，不去學校、不去上班，成為繭居族。一般人難以察覺這是一種病徵，總認為這類型病患「只是在偷懶」、「裝模作樣」。

3 認知異常

- 症狀類似失智（言語、動作、運動）

病患可能失去閱讀能力，看電影或連續劇時，可能突然無法理解劇情，工作上變得難以遵從指示去做。病患會失去協調性，在公司或學校裡經常一個人在狀況外。

容易罹患精神分裂症的年齡層

男性平均發病年齡為十八歲，女性為二十五歲，似乎好發於年輕族群。臨床上也有過了中年才罹病的案例，特別是高齡罹病者通常會被誤診為失智症，導致延遲發現，無法即時治療。

男性 18歲
（平均發病年齡）

女性 25歲

主要原因

研究指出原因可能是腦部功能病變，但還沒有明確答案。有學者認為遺傳也是原因之一。

18

對不用錢（免費）的東西毫無抵抗力

不用錢最貴，可能付出意想不到的花費

「免費」真的就划算嗎？

長期不景氣的影響下，許多人可能手頭不是很寬裕，因此人們開始節省開支，豪氣地大買特買的機會也隨之減少。在這樣的情況下，「免費體驗」、「免費試用」、「免費諮詢」等等的免費服務現象值得注意。看到店家打出這些標語，有些人心裡會想：「免費的機會難得，要不要嘗試看看呢？」但事情絕對沒有這麼簡單。

正常人的心理都會想回報他人

心理學上有一個詞彙稱為「**好意的回報性***」。這個詞的意思是指，**倘若有人向自己示好，自己在心理上也會向對方抱持好感**（➡P50）。示好的實際表現，也包括「給予」。而接受他人給予後，接受的一方也會想給予回報。總之，不論是心意或是具體的物品，大抵上的情況是只要接受他人的好意，人們就會以好意來回報。

面對免費的服務時，也可以說是一樣的心理。舉例來說，當我們到百貨公司或超市的試吃攤位時，在店員不斷地勸說下吃了一些東西之後，心裡是不是會覺得不買點東西有些不好意思？而且試吃過後，我們心裡會幫自己找一個藉口：「這東西也不是特別貴」。

接著，場景換到大賣場，假設我們到那裡的目的是想換掉家裡某項舊電器。這一天，原本只是打算

＊**好意的回報性**　相反詞是「嫌惡的回報性」。面對討厭自己的人，或是對自己評價惡劣的人，自己也對對方抱持嫌惡的心理狀態。

來看一下行情，但是面對店員親切的招呼，心裡感到過意不去，於是當場便購入高價的商品。「反正早晚都要買，今天買也無妨，再跑一趟也挺麻煩」，這樣的想法也是當場說給自己聽的藉口。

當對方釋出的好意愈是深厚，或是商品愈便宜、愈具有必要性，我們就愈是容易掏錢買單。當然，店員也都是利用這樣的心理狀態在接待客人。因此，我們最好事先了解，免費服務的背後藏有這樣的心理策略。

送禮的心理

送禮這件事情必須考慮到程度的問題，有時候送出的禮物會讓對方感到壓力。

例1 生日時從情人手中收到一條名牌項鍊。

↓

「原來他那麼喜歡我」

例2 從自己沒有感覺的對象收到相同禮物。

↓

「真傷腦筋啊」

好意的回報性

「接受他人好意，就必須以相同程度的好意來回報」，這是大多數人的原則，因此收到難以回報的好意時，只會感受到強烈的負擔及壓力。

禮物也可以轉換成親切，過度的親切也不是人人消受得起。當我們面對家人及情人以外的對象，想透過送禮表達好意時必須慎重。

19 易怒且訴諸暴力

無法遵守社會規則的反社會型人格異常

心理上無法踩煞車的狀態

說謊、訴諸暴力、偷東西……。這些都是反社會行為，從小我們就被教育「不可做這些事情」。因此，一般人到了就學的年齡時，心裡自然會形成一種煞車機制，讓我們不會去做那些事情。正常人也因為有這個煞車機制，不至於會做出反社會行為。

然而，有些人心裡的煞車機制無法正常發揮作用。當這類型的人**遇到不如意的事情，便會馬上訴諸暴力**，為了自己的利益可以面不改色地說謊，傷害別人也不會受到良心苛責。

在社會上，有一定數量的人會引起這些問題，我們稱為**反社會型人格異常**＊。

這種人格異常占全球人口2％

這種人格異常約占人口2％，男女比例是3：1，男性病患較多。這類型的人容易**酒精中毒**或**藥物依賴**，同時經過統計，多數犯罪者都具有反社會型人格異常（當然，即使是反社會型人格異常，也不是一定就會犯罪）。

病患本人並不覺得自己有問題，因此他們的特徵就是積極接受治療的意識十分薄弱。有些酒精中毒患者在住院接受治療時才被發現，原來這些患者也具有反社會性人格異常的傾向。

表面上看起來具有魅力

反社會型人格異常者對待他人時，或許總給人傲

＊**反社會型人格異常**　這類人格異常的特徵是不誠實，具有無自覺地侵犯他人權利及感情的傾向，可能因其他精神疾病而更加惡化。他們的心理狀態中幾乎或者說完全沒有良心。

慢又暴力的印象，但實際上這些表現看起來卻極具魅力。但是，反社會型人格異常者**為了自己的利益及享樂，會毫不在乎地傷害別人**。

若是發覺孩童有這樣的傾向，建議在症狀更加嚴重之前，尋求專業醫師的意見。發病時期因人而異，症狀的高峰期是十多歲後期，大多數臨床案例都會隨著年紀增長得到明顯改善。

「反社會型人格異常」自我評量

十五歲以前開始做出反社會型行為，過了十八歲仍未停止的人，同時具有以下三項以上傾向，就有可能是反社會型人格異常。

- ☐ 無法遵守法律及社會規範。
- ☐ 為了個人利益或享樂而說謊欺騙他人。
- ☐ 個性衝動、行動沒有事前計畫。
- ☐ 具攻擊傾向又性急。面對挫折的抗壓力低落，經常引起爭執或訴諸暴力解決。
- ☐ 像暴走族一樣，不顧他人和自己的生命安全。
- ☐ 無責任感是一貫性的特徵，每個工作都做不久。不願履行自由經濟中的支付義務。
- ☐ 欠缺良心上的苛責，毫不猶豫地傷害他人、虐待動物或竊取物品。並將自己的作為正當化。

改編自美國精神醫學會發表的「精神疾病診斷與統計手冊」（DSM-IV）

20

夫妻間頻繁爭吵

解放壓抑的感情，藉此得到發洩

藉由夫妻爭吵解放心理壓力

各位應該都聽過「本年度最賺人熱淚的電影」這樣的宣傳用語吧？賺人熱淚的電影、書籍、歌曲……。街頭巷尾到處充斥著以「賺人熱淚」為賣點的作品。為什麼在這個時代，人們那麼「想哭」呢？

當我們觀賞號稱「賺人熱淚」的電影或書籍時，沉澱在心底的負面情緒會被喚醒，並且與劇中人物的感情產生共鳴。隨著劇情進展，**長久以來壓抑在心裡的煩惱或痛苦會得到解放，接著感到神清氣爽**。這種情緒移轉在心理學上稱為**情感淨化**＊。

人們**心裡的壓力累積到一定程度時，就會想要再一次感受過去曾有過的情感發洩**。這樣的反應與賺人熱淚的電影和書籍大行其道有關，或許也顯現出現代人壓力過大的情況。

猛一看這兩者間似乎毫不相關，但事實上**爭吵頻繁的夫妻，是透過這樣的行為得到情感淨化**。和沒有血緣關係的人共同生活在一個屋簷下，很正常地在不知不覺中會累積許多不滿的情緒。若只是一味忍耐，要不了多久心裡便會承受不了，因此夫妻吵架只是一種解放不滿情緒的形式。用礦坑的**「排放瓦斯」**作業來比喻，各位應該比較容易理解。

若是各位希望從壓抑的情緒中獲得解放，建議找人吐訴煩惱，這也是情感淨化的一種方式。

＊**情感淨化**（Catharsis）　語源為希臘語（Katharsis），原本的意思是排泄體內堆積的穢物，藉此得到淨化。亞里斯多德最先將這個詞用來形容精神狀態。

夫妻吵架時最忌諱的NG一句話

透過爭吵得到情感淨化是無妨，但如果爭吵後只會增加壓力，對兩人來說只是徒增痛苦。所以在爭吵時，應該避開以下話語。

1 否定對方的人格

NG 一句話

「你真的笨得要死！」
「你真的很煩耶！」

2 擅自下斷言

NG 一句話

反正，下次你還是會犯一樣的錯！」

3 和他人比較

NG 一句話

「我老媽比你更關心家庭！」
「隔壁老王都會幫太太做家事！」

4 翻舊帳

NG 一句話

「你每次都這樣優柔寡斷。結婚前就開始了，上次去旅行的時候也是……」

5 責怪對方家人與親戚

NG 一句話

「你爸媽真的很沒常識耶！」
「你媽太過保護你了！」

吵架時情緒會高漲，隨口就會說出 NG 的話語。但是，無論如何都不能使用暴力。因為使用暴力的一方很容易就會遺忘，被害的一方卻隨著恐懼感，將憤怒刻在心底。

高明的夫妻吵架

例1 說話時用「人家」或「我」當主語

OK 一句話

「人家只是希望你幫忙做家事。」
「我只是希望能有自己的時間。」

例2 事先決定和好的方式

OK 一句話

「我去買蛋糕回來喔。」
「到那家店吃吧。」

21

無時無刻都嚼著口香糖

藉此壓抑不安的感覺，穩定心情

嚼口香糖，好處多多

一般來說，在他人面前嚼口香糖，會帶給人不禮貌的印象。所以裝壞、耍狠的國、高中生們，才會故意嚼口香糖並且發出嘖嘖聲。

然而，撇開國、高中生不談，有些成年人也經常嚼口香糖。舉例來說，在電視上的棒球比賽轉播，我們經常看到特寫鏡頭的選手個個都嚼著口香糖。就算他們知道這樣看起來很不禮貌，不知為何卻還是執意要這樣做？

其實，**「咀嚼」這個動作，具有消除不安，平靜心情的效果，近年運動心理學界，也建議選手嚼口香糖**。而除了棒球之外，足球選手及田徑選手也會利用嚼口香糖來安定精神。

各位身邊如果有經常嚼口香糖的朋友，或許他們是在無意識間發現這個效果。至少嚼口香糖比利用抽菸舒壓來得健康。

口香糖還有其他效果，例如「增加唾液分泌，預防蛀牙」、「促進腦部血流，防止失智」、「刺激飽食中樞，幫助減肥」。

但是，如果在不適合嚼口香糖的場合，還是我行我素發出嘖嘖聲，可能已經是**習慣中毒**＊。

＊**習慣中毒**　成為日常生活習慣的癖好，如果不做那件事就冷靜不下來。以抽菸為例，最大的因素不是尼古丁中毒，而是習慣中毒。

簡單有效就能消除不安的方法

比賽或考試前，要是陷入不安的情緒中，各位可以試試以下介紹的方法。首先，在放鬆的狀態下先練習幾次，心裡記住消除不安的印象，實際使用效果會更好。

穩定心情的穴道

按壓「合谷」

姆指和食指相連的部位

消除不安的穴道

按壓「內關」

距離腕關節最後一道皺紋三指幅，手臂內側中央

具有緩和情緒的作用

嗅聞精油（Aroma oil）

在手帕或面紙上滴 1 ～ 2 滴後再聞。

<精油的種類>

- 洋甘菊（Chamomile）
- 薰衣草（Lavender）
- 玫瑰木（Rosewood）
- 乳香（Frankincense）
- 依蘭（Ilang-ilang）

等等

具有放鬆效果

身體放鬆後，吐氣

一邊數到三、一邊慢慢深深地吸氣，接著慢慢地數到六，同時吐氣。

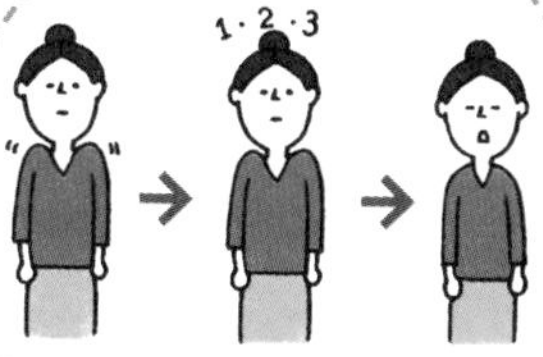

下意識地全身用力 → 靜止三秒 → 呼口氣放鬆身體

雙手下垂的狀態，盡可能聳起雙肩。

瞬間放鬆身體

22

開車時態度驟變

錯將汽車的性能誤認為是自己的能力

態度惡劣又愛超速，到底是為什麼？

各位身邊有沒有朋友一**握上方向盤，整個人就會性情大變**呢？他們開車時講起話來毫不客氣，例如：「前面那台車真是龜速」、「所以我才討厭歐巴桑開車上街」，或是用危險的車速在一般道路上奔馳。

平常看起來極為普通，甚至是看起來很老實的人，在這個時候都會讓人感到恐怖。湊巧與這種人共乘一部車的時候，心裡一定總是七上八下，但性格驟變的當事人，卻絲毫沒有察覺當場尷尬的氣氛。到底他們的心裡發生什麼變化呢？

同樣是交通工具，但這些人騎上自行車或摩托車的時候，態度不會轉變這麼大。為什麼就只有開車的時候會這樣呢？

由於車子的萬能性而引起錯覺

車子內部是一個完全獨立的**個人空間**。在裡面，**人們會從緊張狀態解放，陷入無防備狀態**。就算平常有意識地擺出溫文儒雅的模樣，進入車內就會回復成真面目。加上車子這項道具的**萬能性***，或許是因為控制一部時速超越一百公里的鋼鐵製巨大物體，心裡興奮的感覺，**讓人產生自己很偉大的錯覺，進而口出惡言**。由於被罵的一方根本聽不到，也就不會被反擊，想說什麼就說什麼。

*＊**萬能性**　「我是萬能的，什麼事都做得到」如此高昂的情緒，就稱為「萬能性」。用日語來形容，就是「自負（天狗になる）」或是「得意忘形（調子にる）」。*

了解他人本性的機會

開車的人經常會做出讓他人難以想像的行為。有些人會勉強超車，變得很性急，而且輕忽危險性。還有人明明四肢健全，卻只為了自己方便就占用身障車位，這個時候就能看得出他是一個只想到自己的人。

假設各位身邊有打算結婚的對象，或許讓他們開車一次也好，因為這是了解隱藏性格的機會。

汽車讓人性情驟變

汽車是個巨大的物體，操控汽車時感到自己無所不能，進而產生超乎實際能力的錯覺，自以為是個偉大的人物。

1 某位男性平常十分細心，會幫女性開門。

2 一旦開車上路，因為前方的車子行進十分緩慢，男性開始感到焦慮。

3 女性為此感到驚訝。

4 抵達目的地時，男性還會笑咪咪地幫忙打開副駕駛座的門。

由選擇座位得知心理狀態

人們在選擇座位時會展現出一項深層心理狀態。
事先了解隱藏在座位背後的意義，
就能預測談話的內容及對方的心情。

兩人對話時的座位

首先，假設你已經先就坐。
接下來就能依對方選擇的座位來推測他的心理。

選擇座位❶

選擇這個座位可以放鬆心情，適合輕鬆閒聊。由此可知，對方對我們抱持著一分親切感。

選擇座位❷

適合一起工作時的座位。這個座位雙方容易有肢體接觸，可以得知雙方之間沒有不愉快，可以說是感情融洽的關係。

圓桌與方桌的差異

圓桌與方桌會讓就坐的人心理上產生微妙的差異。使用圓桌時，由於較不易區分上位（身分較高者的座位）所在，與會者會有公平的感覺，交換意見的過程也較活潑。
另一方面，方桌較容易發揮個人主導權，因此擔任管理職的人比較喜歡這種形式的座位。

選擇座位❹

這是各自工作時不打擾對方的座位，不適合談話。若是對方選擇了這個座位，代表雙方關係相當疏遠，或者當天的話題是以對立為前提。

選擇座位❸

一般人會選擇的座位。在對立、競爭、說服等嚴肅的話題時，大多是面對面相視而坐。如果關係親近的人來訪時，一臉正經坐在這個位子，我們可以推測當天應該是要談論嚴肅的事情。

三人以上會談時的座位選擇

從選擇位子，可以推測出當事人的個性類型。

選擇座位Ⓐ的人
企圖發揮強勢統御力的領導型人物

選擇座位Ⓑ的人
雖然不是想發揮主導權的人，但是參予會議的意識強烈，會中發言也頗積極

選擇座位Ⓒ的人
重視人際關係的領導型人物，或是擔任領導者 A 的輔佐角色

選擇座位Ⓓ的人
對會議的內容毫無興趣，不被點名就不發言的人

一般會議場合，領導者會坐在座位Ⓐ，輔佐領導者的人坐在座位Ⓑ，如此一來會議便能順利進行。如果是一場訴求激發創意，鼓勵自由發言的會議，建議領導者應該坐在座位Ⓒ比較適當。

咖啡廳裡的座位選擇

坐在角落（A）
任何人都會經常檢視自己的所在位置，因此大多數人都偏好可以環視整家店的角落座位。這個地方除了不醒目之外，還能夠觀察店內其他人的動向。

在角落面對牆壁就坐（B）
不想和他人有太多牽連，多數為內向的人。

坐在接近入口的位子（C）
無法冷靜思考，大多為急性子的人。

坐在正中央的座位（D）
大多是自我表現欲望強烈，對他人不太關心的人。

PART

4

由外觀得知他人心理

I

不想說話時的徵兆

在各種談話場合中，諸如商談或跟朋友聊天時，當對方做出以下行為時，代表他們已經不想再聊下去。這樣的情況下，盡速結束談話或是整理出結論方為上策。

注意對方的行為舉止

一次點頭三下以上

頻頻點頭或是不管對話內容一直點頭，就代表當事人想結束談話。有時候也是一種不耐煩的表現。

重覆一些無意義的動作

明明杯子裡已經沒有飲料，卻還是做出喝東西的動作，或是無意義地重覆寫筆記、滑手機等行為。

撫摸耳際或頭髮

有些人平常就有這樣的習慣，但是一邊聽別人說話，一邊這麼做的情況，有可能代表希望對方不要再繼續相同的話題。這個時候必須注意觀察對方的表情及反應。

乾咳清嗓

刻意咳嗽是一種「拒絕」的信號，同時也包含反對意見的象徵。

找理由離開座位

「我接一下電話」、「我去一下廁所」等，在談話中頻繁地找理由離席，就是對方希望我們盡早離去。

在椅子上坐不住

一直做出準備起身的動作，是因為心裡希望盡早離開，無意識之中的表現。坐著的時候抓住椅子扶手也是相同的象徵。

剛點菸就捻熄

點了一根菸卻一口都沒抽就捻熄在菸灰缸裡，這是想盡快結束談話的象徵。

拒絕推銷電話的方法

有時候我們會接到一些遲遲不說明來意的電話，拒絕的重點是清楚地詢問：「請問您有什麼事？」接著再斬釘截鐵地回答：「我不需要！」要是一開始表現出想聽下去的態度，大都會被對方的推銷話術牽著走，最後找不到恰當的時機掛電話。

雙手插腰站立

當我們拜訪客戶時，若是對方站著雙手插腰的話，就代表他們沒有打算細聽我們說什麼。

「總而言之……」

當我們在說話時，對方卻開始說出「總而言之」這句話，就是想快點結束話題的表現。

2

由手腕的動作可以得知對方說話時的心理

想知道對方如何看待我們自己時，
在談話時仔細觀察對方手腕即可得知一二。

警戒時的手部動作

隱藏手部

在心理學上，隱藏手部是拒絕對方接近的心理作用，特別是一對一相視時，不想讓對方看穿心理狀態時，就會有這樣的表現。

可以看出接受或拒絕

雙手交叉抱胸

在心理學中，雙手抱胸是一種自我防衛的姿勢，也是拒絕對方的象徵。平常喜歡抱胸的人，代表警戒心強烈，一切以自我為中心，但個性上卻有軟弱的傾向。

張開雙臂

面對他人敞開雙臂的人，代表接受對方的心理狀態。

注意談話時的手部動作

雙手放鬆，十指張開

心情輕鬆，接納他人的狀態。

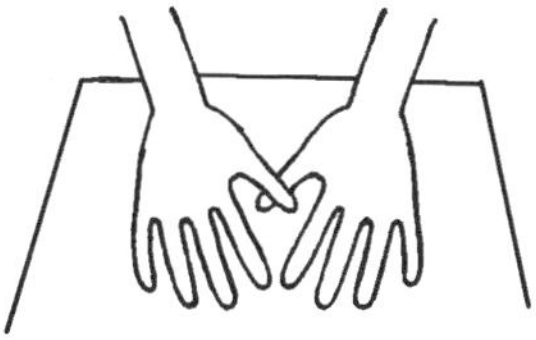

十指輕握的程度

還有交集，能夠繼續交談下去。

緊握雙拳

「No」的象徵，不想再聽下去。

手指敲擊桌面

敲擊桌面發出聲響，代表不耐煩。

用手撫摸某處

手摸鼻子

聽話的人若是用手摸鼻子，有很高的機率是表示懷疑。

手摸下巴

「防禦」的信號。當對方採取言詞攻擊時，保護自己的手勢，或是不讓自己說錯話的慎重表現。

撫摸手錶

明明時間還很充裕，卻仍舊不停撫摸手錶，其實是隱藏緊張的動作。

3

由頭部動作可以得知對方說話時的心理

說話時，對方對自己有什麼想法，是件叫人在意的事情。到底，自己在對方心裡是什麼模樣，從態度中可以窺知。想讓對方喜歡自己的話，必須留意自己的頭部動作。

身體的動作與情感連動

津津有味聽別人說話的表現

上半身向前傾，伸出頭部，雙腳往後收。

覺得別人說的話很無聊的表現

頭部向左或向右傾斜，多數人會低下頭用單手撐住。

對他人感興趣的表現

當人們對某人感興趣的時候，就會想更了解那個人，希望跟對方更接近，並且仔細凝視對方。此時，很自然地會將桌上的菸灰缸等雜物移到一旁。

從點頭方式得知對方的心理

探出上半身點頭

對談話對象有好感，對談話內容感興趣。

重覆點頭三次以上

這種點頭方式或許只是一種社交辭令的表現，當對方做出這個動作，請仔細觀察表情。

不管談話內容，只是點頭

不管談話內容及對話節奏，只是點頭，代表拒絕。

必須注意的態度

縮起下巴，視線居高臨下

在反駁對方時，無意識間採取攻擊威嚇的態勢。

心情不平靜

不停地看時間、玩手機、碰觸眼鏡或領帶等行為，代表對眼前的狀態感到無趣。交互翹腳、不斷抖腳、雙腳伸直，頻繁的腿部動作，透露出來的心境是希望盡早離開。

展現好感的同步性（Synchrony）

當我們喝飲料時，對方正好也拿起東西來喝，或是我們與對方同時歪著頭想事情，總之就是兩人動作一致的話，可以由此推測對方對我們有好感。當人們和心裡有好感的人在一起時，不知不覺中就會配合對方的小習慣，或是做出相同的動作。心理學稱這種情況為「同步性」，相對地，和不喜歡的人在一起時，就不會有這樣的現象（➡P30）。

4

臉型、五官、表情透露的訊息

初次見面的時候，第一印象的判斷依據應該是長相。再者，隨著我們給對方什麼樣的印象，對方對我們的態度也會有所改變。臉型、臉色及表情，都是留下印象的重要因素。

從臉型得知性格

圓型臉

俗稱嬰兒肥的臉型，總能帶給人好感。性格上大多數也擅於社交。

左臉表達私人情感，右臉是公領域

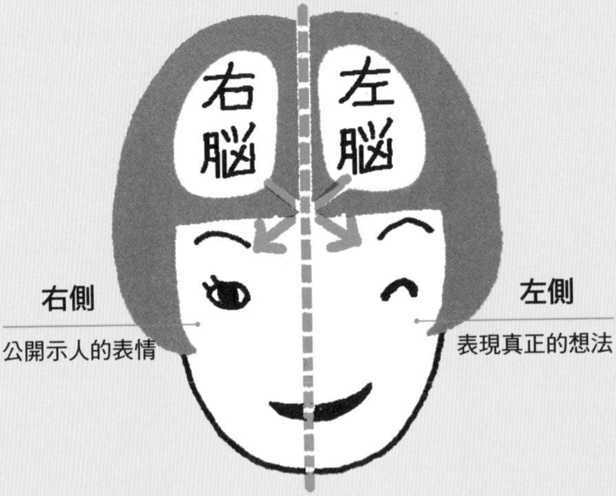

人的臉並不是左右對稱，表情也不是左右都一樣，左臉是真正的想法，右臉則是經過思考後公開示人的表情。這是因為右腦掌管想像與感情，左腦則控制語言及理論性思考。人類的腦部與身體，由於延髓交叉的關係，左右反應相反，因此情感的表現會出現在左臉。

倒三角型臉

下巴尖削，讓人有機靈的印象。雖然頭腦靈活又饒富感性，但欠缺細膩的心思及耐性。

方型臉

下顎寬大的方型臉，看起來有骨氣又努力，同時也給人頑固的印象。雖然做起事情不精明，但屬於大器晚成型。

左右人際關係的「編碼」與「解碼」

心理學中，利用表情傳達心情的過程稱為「編碼（Encoding）」。讀取他人發出的訊息加以理解、推測的行為則稱為「解碼（Decoding）」。

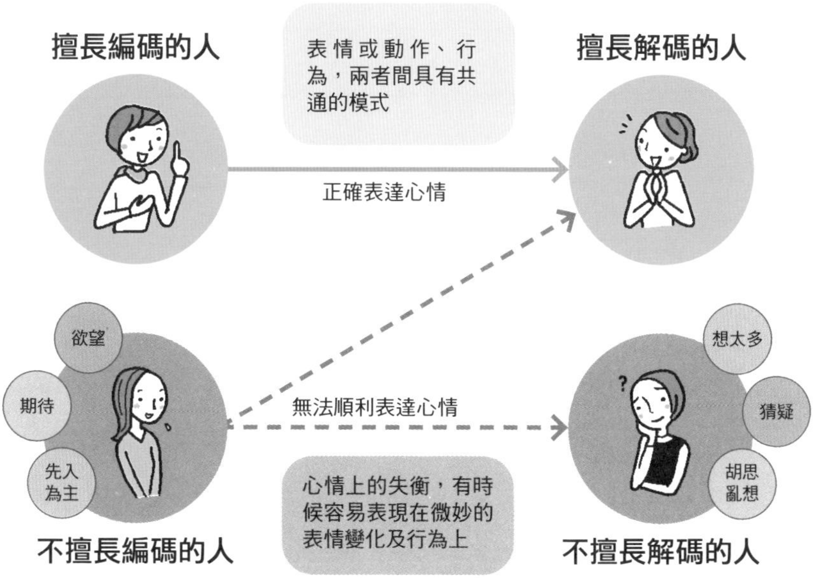

由眼睛大小得知性格

大眼睛的人

這種人大多好奇心旺盛，充滿學習欲望。雖然具備行動力，但做事性急又缺乏計畫性，喜歡先模擬狀況企圖捷足先登，但結果往往是杞人憂天、自尋煩惱。基本上，他們的特徵是率直又溫柔，責任感強烈，也因此精神上容易受創。

小眼睛的人

這類型的人總是先看準方向才行動，因此容易讓眼前的機會白白溜走。另外，在面對問題時，容易有遲遲不著手的傾向。不過，他們大多數擅長深思熟慮、腳踏實地，訂定生涯規畫及人生目標後，勤奮刻苦向前邁進。

鼻子透露出自尊心強弱

鼻樑高的人

自尊心強烈的人居多，對自己充滿自信，面對任何事物都抱持積極的態度。但是「過度自信」，容易讓人覺得自大傲慢。

鼻樑低的人

與鼻樑高的人比較起來個性較消極，就算抓住一個機會也容易畏縮不前。謹慎保守的態度，較容易受到身邊的人喜愛。

面無表情是疲憊的象徵嗎？

人們總是不會輕易把自己脆弱的一面表現出來，這種不甘示弱的想法，同時也會讓人不願將開心、快樂、憤怒及悲傷等情緒放在臉上。經常面無表情的人，代表精神及肉體雙方面都處於疲憊狀態，也有可能轉變為心理上的病態。

情感的變化也會造成顏色的變化

人們在心情動搖、感到害羞或強烈不安的時候，通常都會臉紅。這種情況會發生在任何人身上，可以說是一種生理反應。
生氣的時候雖然也會臉紅，這是因為腎上腺素造成血壓上升，血液循環不順暢造成的現象。
心情動搖或不安的感覺持續上升時，有時候反而會讓臉色慘白。

嘴部代表行動力

嘴部寬闊

給人積極又活潑的印象，具備帶動氣氛的活力。能言善道但做事往往欠缺深入思考。

嘴部窄小

給人老實乖巧的印象，態度保守並且為旁人著想。和嘴部寬闊的人共事的話，遇到問題大多可以迎刃而解。

由唇型得知戀愛傾向

唇型厚實

個性熱情又念舊，談起戀愛容易一下陷入太深。工作方面也是一樣，只要覺得應該做，就一定會做到最後。

唇型尖薄

理性思考的人，給人冷酷的印象。選擇戀愛對象，只要覺得對自己沒有幫助，就會很快切斷關係。工作態度也是冷靜又追求合理。

5

由眼部動作可以得知對方說話時的心理

我們常聽到有人說：「眼神也會說話」、「眼睛是心理的反射」，眼神與視線經常會透露當事人的心理狀態。

從眼部動作解讀對方的心理，能夠讓溝通更加順利。

視線的方向

望向左上方

想起過去的經驗或以前看過的景色。

望向右上方

腦海中想像至今未曾見過的光景，或是正在編織謊言。

望向左下方

心裡描繪著與聽覺有關的形象（如音樂或聲音等）。

望向右下方

想像著身體方面的感覺（如肉體方面的痛苦）。

眼部的動作

視線朝下

膽怯、對眼前的人感到恐懼。

視線朝左或右

拒絕對方，或是不懷好感。

視線左右移動

心情不平靜，感到不安。腦袋裡閃過各種想法。

説話時低著頭，視線朝上

對眼前的人表達恭敬謙遜，或是被動、撒嬌、依賴的態度。

説話時俯視對方

覺得自己的身分比較崇高，想站在領導立場支配對方。

眨眼是緊張及不安的表現

有些人平常就會一直眨眼，一般來説，眨眼大多是緊張及不安的表現。對話中，若是某一方眨眼的次數增加的話，就表示談話內容讓他感到緊張或不安。因此，我們可以推測：「這個人不想觸及這個話題」。

同時，個性膽怯的人不敢與他人目光接觸，因此説話時也容易因為緊張而頻繁地眨眼。

6 由笑聲可以得知性格

露出笑容可以散播快樂，而且本人大多也是因為開心而發笑。但是，其實笑聲中隱藏著許多訊息和情感。因此，每個人都有獨特的笑聲，我們也能從笑聲中解讀出對方的心理。

不同種類的笑聲

「呼呼呼」地抿嘴笑

這類型的人善於控制情緒，開懷大笑的同時，還能注意自己的表情，也有餘裕觀察他人的表情。容易給人喜歡捉弄別人的印象。

快活地「哈哈哈」大笑

這樣的笑法嘴巴會張開，可以證明本人正敞開心胸。這種人性格開朗、喜歡說笑話。另一方面，不擅長控制情緒，說話相當直接。

露出笑容的頻率

愛笑的人

親和需求（➡P36）強烈，希望和他人和睦相處，隨時都想打入人群。一般來說，情緒較為平靜從容。

不太笑的人

生活上總是處於情緒緊張的狀態，好奇心旺盛。由於競爭心強烈，總是會在同事或朋友中找一個假想敵，想和對方一較高下。

豪邁地「哇哈哈」大笑

打從心底豪邁地大笑，這類型的人大都不拘小節。

有時候不自然地刻意裝笑也是這種笑聲，通常都是用於掩飾自卑感、不安或怯懦的心理狀態。另外，企圖威嚇對方時，也會故意這樣大笑。

由鼻子吐氣般「哼哼」地笑

看不起對方，自詡為社會菁英，很容易讓身邊的人覺得必須時時恭維。

笑能招福

從心理學的角度來看，笑容蘊含著「誇獎」和「回報」的意義。雙親看到孩子的笑容，心裡的疲憊會一掃而空，或是笑著稱讚孩子「做得很好」時，孩子也會回以笑容。因此，笑容也可以做為「誇獎」的象徵，有助於增進親子間的親密關係。

在醫學領域中，已證實笑具有提高免疫力的效果。實際上，也有人提倡利用笑容能夠打造出健康的身心。

所以說「笑能招福」的確有幾分道理。

分辨假笑的方法

有些時候笑容是一種交際工具，例如：應酬的笑、奉承的笑和陪笑，這些都是裝出來的笑容，目的在於拉近和對方之間的距離。

真正感到開心時的笑容

首先是開口笑，接著雙眼也堆起笑意。同時，全身動作也會表達出喜悅。

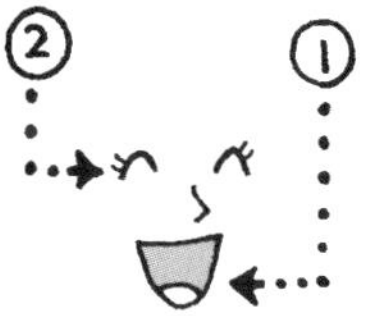

應酬奉承的笑容

- 雙眼和嘴部同時露出笑意。
- 只有臉部右側露出笑容（➡P162）。
- 嘴部露出笑容，但雙眼沒有笑意。

7

掩飾內心不安時，手腕及手臂的動作

撫摸頭髮、臉頰或下巴等，觸摸自己身體的動作，稱為「自我親密行為」。

總之，這是一種疼愛自己的行為，當人們感到緊張或不安時，無意識間就會透過這些動作來緩和情緒。

不安時，無意識間做出的動作

❄ 搔頭

❄ 摸頭髮

❄ 捏鼻子

❄ 雙手重覆互握、分開的動作

❄ 搓手

❄ 把玩桌上的物品

❄ 撫摸扣子

❄ 將紙捲起來

等等

雙手抱胸代表警戒

雙手抱胸這個姿勢代表「防禦」，利用雙手隔開對方與自己，表達拒絕對方的警戒心，藉此讓自己感到安心。當我們看到身邊某人雙手抱胸，心裡的感覺不外乎是這個人難以接近，而且沒有敞開心房。

向對方張開手心

說話時張開手心讓對方看見的人，正如動作所示般毫無保留。這類型的人個性開放，對任何人都抱持著親切感，不會把話放在心裡不說。

內心有愧疚的時候

人們在內心藏有愧疚的時候，會揉鼻子或眼睛，企圖用這些動作掩飾臉上表情。當人們在說謊及編織藉口時，也會做出相同的動作。另外，個性內向而且不擅長表達內心想法的人，也經常有這些表現。

托腮代表想要得到他人安慰？

對話時，雙眼無神托著下巴，代表對當下的話題感到無趣或覺得無聊。

托腮這個動作，其實是用自己的手臂來代替希望有人安慰的行為。一個人獨處時，不管是用雙手或單手捧著臉頰，都是自我安慰的表現，也可以說是讓自己安心的自我親密行為。

托腮也可以說是透露出「希望有人支持自己」的一種訊息。若是在酒吧裡看到這樣的女性，建議男性們可以積極地上前攀談。

8

由腳部動作得知對方說話時的心理

跟人說話的時候，首先會看著對方的臉，接著是手部動作。雖然很少去注意到腳，但其實雙腳也透露出各種訊息。也正因為許多人很少意識到自己的腳部動作，因此雙腳經常表達出當事人內心的想法。

雙腳併攏緊靠

有一股冷淡的感覺，不希望他人接近自己。

雙腳張開（男性）

敞開心胸的態度與釋放善意的表現。

雙腳併攏，向左或向右傾斜（女性）

對自己充滿自信，自尊心強烈。這種人一被吹捧就容易得意忘形。

腳踝交叉

多數為幼稚且浪漫主義的人。

翹起左腳

積極進取且性格開放，說話時經常只顧慮到自己。

翹起右腳

性格有些內向，對任何事情都採取保守的態度。

雙腳朝著出口方向

希望對話盡早結束，想要立刻起身離開。

雙腳向前伸直

對話題沒有興趣，感到無聊時表現出敷衍的態度。

頻繁地交替翹腳

覺得無聊，想要改變現場的氣氛。

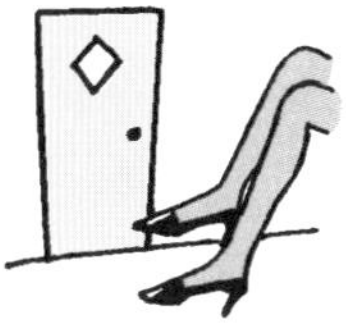

叫人在意的抖腳

說話的時候，若是對方開始抖腳，各位都會覺得十分介意，同時希望對方快點停止抖腳吧。

雙腳不停微微抖動的行為，其實是藉由抖腳的震動傳達至腦神經，具有緩和緊張與壓力的效果。也就是說，內心焦慮或感到緊張與不滿時，大多會做出這樣的動作。當對方開始抖腳時，或許是因為談話的內容正是他不想觸及的領域所致。

9

表達個性與心理狀態的造型

每個時代都有流行趨勢，個人造型會隨之變化，但其實也蘊含著個性表現。

再者，隨著個人心理狀態不同，造型或髮型也會跟著改變。「個人風格」即為心理狀態的呈現。

髮型代表的心理狀態

長髮

能夠展現女人味。非居家型的女人，有時候也會利用長髮來隱藏自己的真面目。

半長髮

不長不短，給人的感覺也不好不壞。有別於長髮與短髮，這種髮型較不引人注意，多數對容貌沒自信的女性會選擇這種造型。

短髮

給人積極、活潑的感覺。

用頭髮蓋住眼睛或耳朵

個性內向，盡量避免和身邊的人扯上關係。

經常改變髮型

希望引起周遭人們的注意，相對也可能是對自己感到焦慮或不滿，精神面處於不安定的狀態。

領帶代表的心理狀態

斜條紋

無可非議的設計，喜歡這種花紋的人通常具有協調性，討厭不按牌理出牌。

華麗的花紋

好奇心旺盛，個性積極的行動派。但容易喜新厭舊，經常半途而廢。

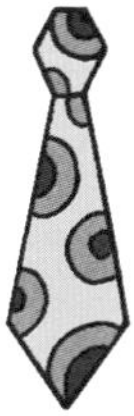

水珠花紋

對自己充滿自信，實際上也擁有足以相配的實力。個性穩重，受人歡迎，對女性特別溫柔。

喜歡服飾配件

愛好虛榮，身上配件愈多代表自信愈薄弱。因為缺乏內涵，企圖用外表來掩飾。

喜歡帽子

自我意識強烈，在室內也不脫帽通常是自我意識過剩的表現。

喜歡名牌

就算借錢也要打腫臉充胖子，全身上下都是名牌的人，企圖藉此掩飾自卑感，這是一種補償行為的表現。

由喜歡的顏色得知心理狀態

喜歡紅色系

個性活潑又積極，時而透露攻擊性，具有種種外向特質。同時也讓人覺得具有權威。

喜歡藍色系

散發穩重、值得信賴、有禮貌的感覺，對事物能夠客觀思考及判斷。

喜歡綠色系

這種人頑固、自負、優越感強烈，經常關心環境保育等社會問題。

喜歡紫色系

帶有神秘感，行事憑感覺。浪漫主義，自尊心強烈，同時也給人高傲的印象。

喜歡茶色系

讓人覺得有協調性及安全感，重視良好的人際關係。

喜歡素色系

神秘主義，不常談論自己，做事我行我素。

透過化妝提高人格面具效果

人類在無意識之間，會展現出一些普遍存在的人格特質稱為原型（Archetype）。其中一種就是人格面具（Persona），簡單來說就是這個人在社會上扮演的角色。

化妝又稱為人格面具效果，意即透過化妝能夠扮演不同於平常的自己。其中也有人對於自己在他人眼中的形象，懷抱著強烈的意識（公領域自我意識），因此他們會花費心思化妝，照鏡子的次數也因而增加。公領域的自我意識愈發強烈之後，就會開始嘗試改變化妝方式，最後化出愈來愈華麗的妝容。

PART 5

職場上的心理解讀

1 擅長讓他人認同自己的意見

配合現場氣氛，改變說話方式和話題

優異的觀察力與注意力

這世上，有些人**特別擅長讓他人認同自己的意見**。他們能夠在會議中駁倒眾人的意見，讓自己的意見獲得採納，或者是利用簡報，讓原本毫無興趣的客戶點頭簽約，這種人可以說是所有商務人士的榜樣。但是，到底他們是怎麼做到的呢？

或許是因為他們擁有高超的溝通能力，當然也可能是人品出眾。但是，最重要的一點，是他們說服他人的能力。

一般來說，人們認為擅長與客戶溝通協調的人，勢必也**善於掌握現場氣氛**。而這類型的人，通常也**擁有優越的觀察力與注意力**，也因為如此才能夠掌握對方的心理以及現場的狀況。

另外，許多具有高度溝通能力的人，可以在一瞬間看出現場的氣氛，進而配合對方的談話風格或是改變話題。只要能夠視狀況採取以下兩種對話模式，相信面對任何人都能夠相談甚歡。

視狀況採取對話模式

方才提到的兩種對話模式，第一種是先說明詳情，最後再提出結論，這種模式稱為**漸層法**＊。另一種則是反其道而行，談話開端就先從結論說起，之後再補充說明，這種模式稱為**漸降法**＊。

一般來說，遇到使用漸層法說話的人，喜歡對方使用相同的模式來回話。同樣的，使用漸降法說話

＊**漸層法**（Climax）**與漸降法**（Anticlimax） 這兩種都是談話內容的組合方式，差異在於先說結論或是最後再說，兩者都是常見的業務話術。

的人，就希望對方也使用漸降法回話。

同時，這兩種溝通方法，在相異的場合各有不同效果。**倘若對方對我們說的話感興趣時，就使用漸層法；若是對方還沒做好談話準備，或是對談話內容毫無興趣時，漸降法具有引起注意的效果。**

漸層法與漸降法

漸層法與漸降法，何者溝通效果較佳，會因談話對象的表現及現場的氣氛而不同。建議在充分理解雙方差異後，再決定採取哪一種說話方式。

漸層法

說話方式	先說明細項，最後再闡述結論
適用對象	堅持說話必須有前言或固定形式，以及打破沙鍋問到底的人
有效的狀況	在面談、面試等場合，眼前的人對我們所說的話感興趣時

漸降法

說話方式	先從結論說起，之後再補充說明
適用對象	喜歡理論及合理性思考的人
有效的狀況	對方還沒做好談話準備，或眼前的人對我們所說的話不感興趣時

2

嚴厲責備下屬失敗的上司

將強烈的自卑感發洩在下屬身上

一種追求精神安定的自我防衛機制

有些上司會為了些微過錯就把下屬罵得很慘，甚至口出惡言。雖然人們只要掌握權力後，就容易忍不住採取權威式管理，其中似乎有許多**上司在責罵下屬時，其實是內心抱持自卑感所致**。

當人們對自己沒自信，或部長自己也被上司責難時，便會將自己的缺點被指責的不滿情緒，原封不動發洩在下屬身上，彷彿下屬也跟自己具有相同缺點一樣。這樣的情況在心理學上稱為**投射**＊，上司這麼做的原因，是**企圖透過攻擊、責罵下屬，來安定自己的精神狀態**。雖然這也是**自我防衛**的一種心理，卻常讓周遭的人感到困擾。

由責罵的方式可以得知對方的心理狀態

人們在生氣時，心理狀態會表露無遺。有一些上司會刻意走到下屬座位，高高在上地怒罵，這樣的上司十分重視上下關係，認為對方（下屬）的地位理所當然低於自己。另外有些上司，會將下屬叫到自己座位前，叫他立正站好聽訓示，這代表他心裡確信自己立於絕對的地位。

如果上司將下屬叫到沒有人看見的地方（某個房間），兩人在平起平坐的狀態下責備下屬，代表他將下屬視為同等地位。這樣的上司是為了下屬著想而生氣，可以說是理想的上司。日後倘若各位遭受上司責罵，不妨利用機會冷靜觀察狀況。

＊**投射**　將自己情緒上的不愉快或是心裡的衝動，轉嫁到他人身上的行為。舉例來說，原本心中自我嫌惡的情緒，轉變成討厭對方，就是一種投射。

從上司責罵中探索他的心理狀態

相信各位都曾因工作上失誤被上司責罵，或是看過同事被上司責備。此時最重要的事情當然是反省自己的過錯，但被上司責備的同時，不失為了解上司性格的最佳時機。因為人們在生氣時，總會表現出心理上微妙的變化。

1 刻意來到下屬的座位，高高在上責罵。

重視上下關係，認為對方的地位理所當然在自己之下，瞧不起對方。

↓

心裡只想到自己，當下屬犯錯的時候，極可能不會站出來袒護。

2 將下屬叫到自己的座位前，讓他站著聽訓

自己坐在位子上，視線由下而上訓斥。這樣的上司確信自己擁有絕對性的權威。

↓

認為下屬只是受自己掌握的棋子，視情況可能棄之不顧。

3 將下屬叫到別人看不到的地方（某個房間）來責備

刻意將下屬叫到沒人看見的地方，責備時兩人視線高度相同，代表上司將下屬置於同等地位。

↓

這樣的做法可以看出責備下屬的原因是為了下屬著想，可以說是理想的上司。

3 藉由不斷誇獎來提升下屬的業績

自我實現預言與比馬龍效應能夠提升士氣

對自己萌生期待

當上司找到機會就對下屬說：「昨天你的簡報做得很好，很值得嘉許」或是「你對客戶的應對進退很得體」，**不斷誇獎之後，下屬的業績也會跟著成長**。就算沒有實際的獎勵，也能得到同樣的效果。這是因為人們的心理接受良性刺激產生的成果。

任何人受到誇獎都會感到開心，就算知道只是客套話，一樣會對心情產生正面效果。因此，當人們持續接受誇獎，便會開始思考自己似乎擁有超乎自己認知的能力。如此一來，自尊心受到刺激，當事人也會開始對自己有所期許，實際的行動也開始有變化。在心理學上稱這種現象為**自我實現預言**＊。

實際上，這些變化就是自我期許的結果，人們一旦對自己有期許，在有意識或無意識之間，就會採取相對應的行為。就像不斷受人誇獎說：「你好漂亮」、「你很有魅力」，久而久之本人也會真的變漂亮。

回應上司期待的心理

下屬的心理狀態，還有以下的情況。

受到上司誇獎時，會覺得自己備受期待，於是心裡便開始思考該如何回應上司的期許。於是下屬開始比以前更投入工作，很自然業績也會隨之提升。

上司信任下屬並且給予期待，下屬也會回應期待，這樣的過程稱為**比馬龍效應**。

＊**自我實現預言**　個人在有意識或無意識之中，依照自己說過的話或他人的期許採取相應的行動，最終達到期待中的結果，或者實現說過的話。

自我實現預言與比馬龍效應，都是利用誇獎來刺激下屬的心理，**進而引發他們對工作的熱情**。不管誇獎的事情是多麼微不足道都無妨，重點在於用心觀察指出下屬的長處。

話雖如此，過度誇獎有時會帶來反效果。聽起來太虛偽的誇讚，反而會讓人產生不信任的感覺。誇獎的用字遣詞與時機都是必須列入考量的要件。

另一方面，有些人受到誇獎並不會有正面效果，反而是**受到責備才會提升業績**。當他們受到上司責備時，心裡會希望得到認可，因而投注更多心力在工作上。

該誇獎還是該責備，端看下屬是哪種類型的人。不過，可以確定的是只要抓住刺激對方心理的訣竅，一定能夠得到良性的回饋。

心理學小常識

「比馬龍效應」源自希臘神話

比馬龍效應這個詞彙裡的「比馬龍」，源自於希臘神話中賽普洛斯的國王，以下就是有關他的故事。

比馬龍國王對現實中的女性感到失望，某一天他親手雕刻出一尊心目中理想女性的形象。完成之後，他每天凝視那尊女性雕像，不久後竟然愛上了她，並且祈禱雕像能夠變成真正的人類。

之後，國王與雕像形影不離，深受相思所苦的他，身體日漸衰弱。此時希臘神話中掌管愛情、美麗與性欲的女神，同時也是奧林匹斯十二主神之一的艾芙蘿蒂，賦予雕像生命，成就了比馬龍國王的願望。之後國王與那名女性生下了一個女兒名為帕弗斯。

4

受到奉承而得意忘形

滿足自我表現欲，從中得到快感

與潛在的心理狀態有很大的關係

有些人在職場上**受到上司或同事奉承拍馬，就因此得意忘形**。這些人接受有別於他人的待遇時，便會感到極大的滿足感，並從中品嚐快感與幸福感，也可以說情緒為之高漲。

這種情況與個人潛在的心理層面有很大的關係。**每個人都會著迷於有別於他人的待遇**，也就是說透過受到矚目、特別待遇，讓**自我表現欲**得到極大的滿足，也因此得到快感與幸福感。

其實容易得意忘形的人，內心經常認為「自己不受人肯定」，進而希望自己得到更多人認可。所以當別人對他們奉承拍馬時，他們得到的快感與幸福感，往往比一般人高出許多。由此可知，就算周遭的人認為「那傢伙總是得意忘形」，但他們動不動就為此情緒高漲也是無可厚非的反應。

能夠完成超越能力之上的工作

當這種人處於情緒高漲的狀態時，對工作能力及身體狀況都有正面影響。於是，就像「拍馬奉承豬也上樹」這句諺語所說，**即使能力不強的人，若是讓他們心情愉悅（情緒高漲），他們也能完成超越能力之上的工作**。實際上，我想很多人應該都有類似的經驗。

像這樣為了引起上司及同事注目，進而提高生產力的現象，在心理學上稱為**霍桑效應**＊。過去，美

＊**霍桑效應** 當人們接受稱讚奉承，或是得到特別待遇時，因此滿足自我表現欲望，從中得到快感與幸福感，進而對自己的能力與身體狀態帶來良性影響。

國芝加哥某工廠曾做過一個實驗，觀察廠內的照明與生產力之間的關聯性，最後導出的實驗結果便以工廠所在地命名為霍桑效應。

但是，受到特別待遇而得意忘形的人，容易遭致他人反感，最終使得自己的評價下滑。另外，有些人聽到別人稱讚奉承後，反而會感到壓力，結果因此失去幹勁。不管是奉承他人，還是為此感到得意，都應該適可而止。

「奉承讚譽」提升工作成果的過程

聽到別人的奉承話之後，最終得意忘形的現象，其實與人的心理有很大的關係。以下為各位說明心理變化的過程。

想聽人稱讚誇獎或受人矚目

人類心中潛在的願望

↓

受到誇讚奉承

成為眾人矚目的焦點

↓

自我表現欲得到滿足

得到滿足感，情緒為之高漲，內心開始「得意忘形」。隨著被稱讚、受矚目的程度愈高，滿足感也隨之提升

↓

得到快感及幸福感

潛在願望得到滿足，情緒更加高漲

↓

能力與體能往正面發展

有時甚至像是脫胎換骨，變了一個人似的

↓

工作成果提升

各方面都順利進展，表現出優異的成果

5

沉著應對緊急狀況

冷靜判斷、應對的抗壓性

擁有對抗緊張感的強韌心智

先假設一個狀況，因為我們下錯訂單，導致沒有收到商品，或是收到錯誤的商品時，任何人都會為此大受影響，失去冷靜判斷的能力。

但是，**這世上有些人不管面對多麼艱難的狀況，也能不慌不忙、冷靜應對**，這種人在職場上總是備受信賴。

一般來說，在緊急狀況中也能冷靜沉著應對的能力，稱為**抗壓性**＊。抗壓性良好的人都有一項特徵，就是**擁有高度忍耐力**。

一般人在面對困難時，總會感到挫折（Frustration），於是，為了消除內心的不安，便採取具有攻擊性或企圖逃避的行動。但是抗壓性強的人，**擁有忍受緊張感的強韌意志力**，可以堅強地忍耐到情勢好轉。甚至有些人在惡劣的情勢中，還能心有餘力去思考讓情況好轉的替代方案。

另外，這類型的人**對任何事物都不會過於固執，他們能夠視情況當機立斷，捨棄成見或原本的方案**。面對困難的狀況，仍舊保有冷靜判斷能力，就是最好的證明。

適時轉換心情來消除緊張

這類型的人還有另外一個特徵，就是**擅長轉換心情**。就算他們忍耐力再怎麼強，心裡感到挫折仍是不爭的事實，因此需要能夠化解的管道。他們大多

＊**抗壓性** 意指對抗挫折的耐性。面對挫折時也不會做出一時衝動的決定，而是沉著面對眼前的困境，並且具有排除困難的能力。

具有快速轉換心情的能力，放假的時候就馬上將工作放在一邊，去看電影或是聽演唱會，擅用個人時間過著充實快樂的生活。

遇到出乎意料的事情時也不為所動，並且做出冷靜判斷的人，即使身陷困境也不會心生怨懟。不怨天尤人的性格，使他們在職場上受人愛戴，通常是團體中的意見領袖。

面臨挫折的應對方式

人們在遭遇挫折的時候，會採取各種行為來消除緊張。這些行為大致可分為五大類。

1 攻擊反應 攻擊周遭事物，例如說：「都是體制的錯」

對他人口出惡言或責備，心中燃起攻擊性及破壞性的衝動。

2 退化反應 當自己的意見不被接納時，就無理取鬧發脾氣

就是所謂的「心智年齡退化成嬰兒」，做出像幼兒一樣撒嬌之類的行為。

3 逃避反應 受到挫折就逃離那個環境

為了逃避挫折帶來的緊張狀態，而逃入白日夢或幻想的世界，總之就是不願面對現實。著迷於遊戲的世界也是實例之一。

4 壓抑反應 壓抑挫折感，克制在能適應的程度內

盡量將挫折感壓抑在意識感受的程度之下。

5 固執反應 無意識中重覆無意義的行為

例如：咬指甲、抖腳、搔頭等。

6 獨占功勞的上司

信奉威權主義，只關心如何保住地位

威權主義的中間管理職

有些上司在會議中要求每個人都要提出意見，但是最終在提議具體企劃案時，卻又全盤否定或是貶低下屬的意見。雖然有時候是提案內容本身乏善可陳，但上司複雜的心理狀態也占有極大的影響力。

這樣的上司多數有一項特徵，就是信奉**威權主義**。職場上的「上司」，幾乎都是**中間管理職**，這些上司本身也有上司。對於信奉威權主義的上司而言，只要會議中有職階高於自己的上司出席，他們就會無所不用其極想表現自己。

這類型的上司，並不喜歡有工作能力的下屬，反倒是**沒有能力的下屬**更能受到青睞，其實他們心裡隱藏著**自卑感**。他們在面對有能力的下屬時，**心裡抱持著自卑感，深怕自己的地位受到威脅。**

同時，這類型的上司，在某個企劃案帶來優異的成果時，往往會想獨占所有功勞。**他們最關心的事情，就是保住自己的地位，永遠將自己的利益看得比下屬的立場還重要。**

工作與私生活同等重視的上司

有一種上司工作表現果斷俐落，與下屬可以開誠布公來往，積極聽取下屬提出的企劃或意見，當下屬提案的企劃有實質成果時，也不居功並且適當獎勵下屬。這樣的上司，一般來說都很在意服裝及打扮。在興趣上也投注與工作同等的心力，私生活過

＊**角色期待** 人際互動關係中，約定成俗對某個角色寄予的期待。例如：上司、教師、夫妻都扮演著各自的角色。簡單來說，接近「演什麼像什麼」。

得十分充實。

猛一看可以說是理想的上司，但這樣的上司平常上班時，**只要自己的工作完成，不管下屬是否還在加班，便逕自離開公司**。一旦下屬在工作上發生困難，他們只會說**「自己的工作自己做」，便與下屬切割乾淨**，實質上算不上是值得信賴的上司。

人們對人際社會的角色抱持的期待，稱為**角色期待***，同時因應期待採取行動則稱為**角色行動***。前述這兩種上司，從下屬的角度來看，都沒有滿足角色期待與角色行動這兩個要件。

利用PM理論分析領導者類型

身為上司必須具備統率力。在此為各位介紹社會心理學家三隅二不二，他針對統率力提出的PM理論。

何謂PM理論？

此理論認為統率力必須具備兩個功能：「P 功能（Performance function：目標達成功能）」和「M 功能（Maintenance function：集團維持功能）」。依據 P 與 M 的組合，可以分為四個類型。一般來說，當公司面臨危機，必須落實團隊溝通文化時，適合採用 P 型，倘若工作進展順利時，M 型是較理想的方針。

〈P功能〉
對團隊成員下達指令或訓斥、激勵，藉以提高生產力，達成目標的能力。

〈M功能〉
理解團隊成員的立場，並滿足成員需求，以維持及強化團隊合作的能力。

（縱軸：M機能，高／低；橫軸：P機能，低／高）

pM型　遊玩派
重視人際關係與私生活，重視對下屬的照顧，但是對工作要求可能過於寬鬆。

PM型　勤勉派
對工作與人際關係重視程度相同，追求生產力的同時，兼顧團隊氣氛和諧，是理想中的領導者。

pm型　工作適度派
重視私生活勝於工作，對工作要求寬鬆，也不擅長照顧下屬。

Pm型　猛烈派
重視工作，對工作要求嚴厲，但不擅長整合團隊。

※大寫英文字母代表該功能特質較強烈，小寫則是功能特質薄弱。

＊**角色行動**　對應角色期待所做的行為。寄予期待的一方與接受期待的一方，各自的認知達到滿足時，就能維持安定的關係。

7

總是隨時想偷懶

對工作興味索然或社會惰化（Social loafing）

討厭的時間總是過得特別慢

在職場上，有些人總是隨時隨地在偷懶。有些人是原本就沒有幹勁，凡事都得過且過，但也有些人雖然有幹勁，但是在工作上總是不知不覺就偷懶。

任何人在**面對快樂的事情，或是有點難度以及和自己關聯性較高的事情時，總覺得時間過得特別快**。相對的，遇到無趣或討厭的事情，以及和自己較無關係的事情時，同樣長度的時間卻覺得過得很慢。而且，對於讓人覺得時間過得很慢的工作或事物，人們很自然就不想去做、想逃避，而且厭惡的感覺超乎實際上痛苦的程度。

因此，**就算有幹勁想做事，卻還是選擇偷懶的人，大多是因為對那件工作沒有興趣、感到無趣所致**。

人們組成團體後就開始偷懶

當人們共處於團體中做事的時候，無意間就會有人開始偷懶。

以一個只有兩、三個人的小型專案計畫來說，開會時幾乎所有人都會積極發言。因為出席人數較少，每個人肩負的責任都比較大，會議中表達出自己的意見，就能得到參予專案的充實感與成就感，同時想要付出更多貢獻的欲望也較強烈。

但是，一旦出席者愈多，會議上一言不發的成員在比例上就愈高。這是因為每個人都不想引人注

＊**林格曼效應** 又稱為社會惰化或社會懈怠。意指當人們處於集團中一起工作時，人數愈多，每個人的執行力就會逐漸下降的現象。

意，導致他們在無意識之間心裡產生這樣的想法：**「反正我不做，也會有別人做」**。再加上人們都盡可能不想參予麻煩的事物，結果在自己也沒察覺的情況下，就用得過且過的態度來做事。這在心理學上稱為**林格曼效應**＊或是**社會惰化**。

要防止人們在集團中懈怠偷懶是一件非常困難的事情，但如果不要將個人視為「〇〇分之一」，而是「一乘以〇〇」的話，多少可以達到改善的效果。

何謂林格曼效應？

林格曼效應（社會惰化）的具體情況是如何呢？讓我們以公司的會議為例，來看看演化的過程。

第一階段 1

追隨全體意見

多數人在發言前便傾向追隨全體意見，如果發現自己的意見與眾人不同，心裡就會不安地想：「會不會是自己搞錯了？」結果變得不敢表達自己的意見。這種情況稱為從眾行動＊，原因是深層心理表現出「不希望做出偏離集團意見的行動」。

第二階段 2

個人存在感認知低落

團體中每個人都是〇〇分之一，個人的存在感認知十分薄弱。心裡認為：「就算我一個人再怎麼努力，反正也影響不了大家」。

第三階段 3

工作意願低落

此時工作意願（Motivation）開始逐漸低落，最後在無意識之間，每個人都會想：「只有我自己一個人偷懶應該沒關係」。

結果 全體工作意願下降，無意識間開始得過且過。全體員工失去活力，無法達到預期成果。

＊**從眾行動** 意指遵從周遭的意見行動，人們在團體中容易受到多數人（多數勢力）的行動與意見影響，在不自覺的情況下變成隨波逐流。

8 總是把「我很忙」、「沒時間」掛在嘴上

沒有時間管理能力是缺乏計畫能力的證據

利用忙碌來展現工作能力

各位身邊有沒有人總是把**「啊——，好忙」**掛在嘴邊呢？但是只要仔細觀察，就會發現愈是把「好忙」當成口頭禪的人，安排工作的能力就愈差，其實經常都在浪費時間。因為他們**無法在限定的時間內做好工作，才會裝成很忙的樣子**。總之，忙碌只是工作速度緩慢的**藉口**。

「沒時間」這句口頭禪也是一樣。當某人說：「因為沒時間，工作才會做不完」，下一句就會接著說：「所以不能怪我」。所以這句話也是個消極的藉口。

剛才提到的兩句話，都只是想表達**「忙碌的人認真在工作」**。但是，實際上他們只是無法做好時間管理，也不擅長安排工作計畫。一直講這兩句話，只是證明自己在白白浪費時間而已。

真正工作表現優異的人，絕對不會把「我很忙」跟「沒時間」掛在嘴邊。因為他們擁有優秀的時間管理能力，同時也知道如何安排工作。也正因為如此，人們更希望把工作交付給他們。所以工作能力強的人，雖然嘴巴上不說，實際上是愈來愈忙碌。

我們應該戒掉這兩句口頭禪，有時間說「我很忙」，不如馬上動手去做事。不要只想著「沒時間」，想辦法「擠出時間」才是正確的思考方向。讓我們用**有力量的詞彙**＊來當做口頭禪吧。

＊**有力量的詞彙**（Power vocabulary） 可以取代負面口頭禪，改變成正面思考的詞彙。人生應該充滿各種可能性，不應該用言語來自我設限，有力量的詞彙有助於開拓自身的可能性。

「忙碌的人」與「工作能力強的人」有什麼差異？

「忙碌的人」指的是總是把「我很忙、我很忙」掛在嘴邊的人。「工作能力強的人」不會一直說「我很忙」，但是工作上總有優秀的表現。這兩種人之間，到底有什麼差異呢？

忙碌的人	工作能力強的人
把「我很忙」掛在嘴邊，希望身邊的人誇獎說：「你很努力」。	認為把「我很忙」掛在嘴邊，是能力不足的證明。
在交貨前夕才開始動手工作。	在交貨期限之前就著手安排工作。
無法同時進行兩個以上的工作。	能夠同時執行兩項以上的工作。
即使安排好行程，也無法依照計畫執行。	能夠依照排定的行程來工作。
總是在交貨前夕才理解工作目的，以及最終成品應有的樣貌。	先在腦海中描繪出工作目的及最終成品的樣貌，才會開始著手進行。
工作上無法達成他人的期待。	工作成果總能超出他人的期待。
完成的工作經常必須重新再做一次，因此愈做愈沒幹勁。	經常受到誇獎，愈做愈有幹勁。
不擅長拒絕，結果總是接受多餘的工作。	為了負起責任執行只有自己能做的工作，不會接受超出能力範圍外的工作。
總是在著手進行工作時才開始安排行程，因此總是感覺時間不夠。	預先經過充裕的時間思考工作行程安排，才開始著手進行。
不知道如何創造專心工作的環境，無法集中心思在工作上。	擅長創造讓自己專心工作的環境。
不擅長把工作交付給別人或是找他人求助，總是認為自己動手比較快。	懂得如何把工作交付給他人，並且擅長和他人協調。具有整合團隊的能力。
在交貨期限之前才熬夜工作，因此容易犯錯。	由於擅長時間管理，所以睡眠時間充足，也較少犯錯。
不太能夠安排出私人時間。	能夠保留充分的私人時間。

9 開會時總喜歡坐在接近會議室入口

擔心「會議中犯錯不知該怎麼處理」

經常做好逃避的準備

有些人在開會的時候，**總是喜歡坐在接近入口的座位**。也許是因為他們想到，發生地震或火災時可以馬上逃離現場，但實際上大多數的原因，是他們**心裡對於出席會議或討論，總是抱持著不安**。

這類型的人心裡經常存在著糾結，害怕會議中自己的發言是否有建設性，也害怕無法和其他與會者維持良好的關係。

因此，他們在無意識間，便會選擇接近入口的座位，以確保自己隨時能夠離開。實際上在會議場合，不是想離開就能離開，但他們還是寧願坐在入口附近，藉此消除心理上的不安。

斯坦佐三原則

另外，從參予會議的人所做的行動和發言，也能推測出他們的心理狀態。舉例來說，①過去曾與某人爭論過，開會時會想坐在他的對面。②主持會議的領導者較弱勢，與會者會和對面的同事私語，遇到較強勢的領導者，與會者會和隔壁同事私語。③會議中，當某人發言結束，下一則發言通常是反對意見。

這三個現象，在心理學上稱為**「斯坦佐三原則***」。事先記得這三點，日後參予會議時會有極大的幫助。

* **斯坦佐三原則** 美國心理學家斯坦佐（Bernard Steinzor）研究小團體生態發現的原則，藉由會議場合的座位選擇及發言順序，找出三種共通的現象。

從行動及發言來推論參予會議者的心理狀態

在會議或討論事情的場合中，我們可以從每個人的行動及發言推論他們的心理狀態。只要知道其他人的心理狀態，或許自己能夠放鬆心情，進而在會議上更積極發言。

斯坦佐三原則

原則 1

敵視自己的人（曾爭論過的人）刻意坐到對面來

對策

面對敵視自己的人，難以暢所欲言，因此可以事先請了解自己的人坐到對面。或是在會議開始前想好該如何與對方應對。

原則 2

會議主席（主持人）較弱勢的時候，相視而坐的人會開始私下談話。主席較強勢的會議，相鄰而坐的人會開始私語

對策

可藉由這個機會掌握主席的領導能力。

原則 3

一則發言之後，下一個發言的人通常會提出反對意見

對策

事先與同事溝通好，在反對意見出現前，先請同事馬上表示贊同。或者聽到反對意見時，務必保持心平氣和。

一對一談話時的座位

坐在適當靠近的位置

放鬆

一對一談話時最常見的坐法。

並肩而坐

同伴意識

適合一起工作的情況。

相視而坐

説服或謝罪

適合用於嚴肅談話的場合。

坐在對角

避免談話

適合各自進行工作的情況。

10 善於表現自己

了解自己的人也擅長掌握局勢

對他人的印象在第三次見面就已定型

和某人初次見面後，對**這個人的印象**大約在什麼時候定型，關於所需時間眾說紛云。根據研究調查顯示，**喜歡或討厭某人這種兩極化概念，大約在初見面數秒內就已定論，之後在數分鐘之間心裡就產生了第一印象**。而這份既定印象將對日後造成長遠的影響。

心理學術語中有一項**三次理論**＊，根據該理論所說，**人們在見面第三次，對某人的印象就會定型，之後就單純只會加深第一印象**。

有些人經常說：「我的優點是慢慢相處之後才會被發現」，但其實一旦人們對某人的印象或評價定型後，幾乎就難以改變，因此初次見面的印象十分重要。

善於自我表現的人也擅長掌握局勢

想要在別人眼中留下好印象，自我表現是重要的關鍵。一般來說，擅長表現自己的人內心都充滿自信，而且對自己也有深入的了解。善於自我表現的人，不僅能客觀評估自己的能力，還必須了解自己的長處及缺點。

善於自我表現的人，也擅長掌握現場的氣氛及對方的心理狀態。若是無視這些外在條件，只是一味地自我表現，恐怕很容易讓人留下「得意忘形」及「沒禮貌」的不良印象。

＊**三次理論**　意指對某人的印象及評價，在第三次見面就會定型，之後再見面就只會加深既定印象而已。

另外，也有研究結果指出，人們對哪些表現會留下好印象。舉例來說，當上司或客戶提出一個問題，迅速確實回答會有加分作用。相對無法馬上回答，或是支吾其詞的人，就會留下「頭腦不靈光」、「沒有自信」、「優柔寡斷」這些負面印象。

建議不擅長自我表現的人，可以觀察其他擅長此道的人怎麼做，因為模仿是學習的起點。

三次理論的過程

人們經常說，見面第三次，既定印象就已定型。讓我們試著運用三次理論建立良好的人際關係吧。

1 第一次（初次見面）— **決定粗略的第一印象**

腦海中大約是這種想法:「這個人，可能是這種個性吧」。

↓

2 第二次 — **再次判斷印象**

針對第一次留下的印象，再一次判斷是否正確。

↓

3 第三次 — **確認印象**

單純的確認，對方的印象就此定型。

↓

4 第四次 — **加強印象**

只是加深初次印象而已，在這個階段幾乎不會再有改變。

建議

和同一個人見面三次，若是無法留下好印象，最好就不要再勉強與對方來往。建議今後保持一點距離較好。

11

重視地位和權力更勝業績

充滿上進心的背後是自卑感

心裡抱持著不為人知的自卑感

各位工作的職場上，是否有些人重視地位和權力更勝業績呢？一般來說，對地位和權力感興趣的人，人們會說他們有**上進心**。這麼說雖然沒錯，但事實上這種人大多**抱持著不為人知的自卑感**。

業績是能力的表現，地位和權力是身分與立場的表現。重視地位和權力更勝業績的原因只有一個，就是認為自己的能力比不上身邊的人。結果只好利用追求地位及權力的方式，來滿足自己向上提升的欲望。

順帶一提，人們認為自卑感強烈的人，理想與目標通常都很低，但事實卻剛好相反，他們**對自己設定的理想和目標都很高，但又無法達成，最後通常導致自我嫌惡的下場**。這樣的實例，大多發生在工作能力尚可的人身上。

想要支配下屬的欲望

接下來，假設上司是一位汲汲營營追求地位與權力，充滿野心的人，下屬對他會是什麼感覺呢？

這類型的上司，總是**以自己出人頭地為第一考量**，也因此無時無刻都想做出成果。雖然他們能夠整合下屬，發揮強勢的統率力來進行工作，但同時也很容易要求下屬必須百分之百遵照自己的指示。

希望將人置於自己管理之下的想法，在心理學上稱為**支配需求***。這是社會性需求（Social needs）

***支配需求**　利用指示、命令來控制對方的一種欲望。相對的，遵循對方或團體的指示，追求安定的棲身之所，則稱為從屬欲望（服從欲望）。

的其中之一，任何人心裡都有這股欲望。一般來說，愈是重視自己能否出人頭地的人，支配欲望就愈是強烈。

雖然他們願意將工作交付給下屬，可以算是正面的性格，但另一方面對於有能力的下屬，心裡又抱持著不為人知的自卑感，當下屬工作表現優異的時候，卻又會因此感到憤怒，有時候也可能會搶走下屬的功勞。

社會性需求

人類所做的任何行為，都是為了滿足內心的需求。需求與深層心理有直接關聯，從行動中可以推測出他人的心理狀態。

支配需求

希望對他人的行動造成影響

實例 ● 希望取得領導地位

服從需求

希望遵循指示或命令來行動

實例 ● 效法尊敬的人

表現需求

希望在他人心中留下印象

實例 ● 全身上下都是名牌

達成需求

任何事情都想完成

實例 ● 忙碌於困難的工作中

親和需求

希望和別人有交集

實例 ● 參加社團活動

認同需求

希望自己的存在得到認同

實例 ● 渴望從戀人身上得到愛情

12

重視外在形象的商務人士

給客戶良好印象，就能談成生意

人們如何選擇業務人員？

我想從小師長就經常教導我們：「不要用外表來判斷一個人」。但是，誠如廣為人知的**「梅拉賓法則***」**，實際上**外表（視覺訊息）是用來判斷一個人的重要因素之一**，一個人的外表強烈地左右了給別人的印象。

舉例來說 兩家互相競爭的公司，派出業務人員來到你的公司。其中一個身上穿著熨燙平整，上下成套的西裝，另一個穿著皺巴巴的西裝，散發出邋遢的感覺。請問各位比較喜歡哪一個業務人員呢？我想多數人都會選擇穿著整潔的業務人員吧？

整潔的西裝會帶來好感，甚至連企劃案內容都會讓人感到十分出色。另一方面，要是穿著邋遢的西裝，會讓人連企劃書都不想看，直覺就認為應該沒有什麼大不了的內容。簡單來說，**負責的窗口還沒看過企劃書之前，心裡就已經存有某種程度的評價了。**

經常拜訪許多客戶的商務人士，深知整潔體面的外表是多麼重要的一件事。

地位與職稱也是左右印象的要素

如同外表一樣，**地位**和**職稱**也是評斷他人的依據。舉例來說，當人們聽到律師、醫師及教師這些職稱，直覺就認為這些人應該具有崇高的人格。而名片上印著部長或課長（只要職稱比自己還高），

＊**梅拉賓法則** 美國心理學家梅拉賓提出的一項法則，當感情或態度方面無法達成共識時，人們會以視覺訊息為最優先考量。

就會讓人為之敬畏。

但這世間確實存在著缺德的律師，甚至也有對學生性騷擾的老師，或者有些人只因為是社長的兒子，職稱就掛上特助董事。這些人都是**利用一般人對職稱及身分的印象，讓自己看起來比實際上還要偉大，同時也有取得他人信賴的效果，這種情況稱為月暈效應**（Halo effect）**或聲望效應**（Prestige effect）。

順帶一提，廣義來說，地位和職稱也可以說是外表的一部分。

何謂月暈效應？

「月暈」原文是「Halo」，意即「光環」的意思。依照個人主觀判斷，可分為正面的月暈效應與負面的月暈效應。

正面月暈效應

- 見面時總是會打招呼的員工，上司會認為他「工作態度認真」。
- 畢業於知名大學，就會被認為是優秀的人才。

這傢伙相當值得期待

負面月暈效應

- 業績不佳的員工，會被認為「上班都在打混」。
- 只有高中學歷，就算工作能力再強，也不會得到上司賞識。

你就是一天到晚打混，業績才會這麼差

13

擅長逢迎拍馬

獲得好感的溝通技巧之一

想讓逢迎拍馬（獻殷勤）獲得預期的效果，應該怎麼做才好呢？首先，**說一些奉承話來討好對方**，是最常見的逢迎拍馬技巧。但是，如果奉承話過於不切實際，反倒會帶來反效果。也有另一種方法，是**貶低自己來抬高對方身價**。無論聽到什麼意見，總是**迎合**：**「您說得一點都沒錯」**，也能在他人心中留下好印象。另外，也可以仔細觀察他人的行動，在不多管閒事的前提下，**展現出親切的一面**，**讓對方覺得「這個人對我特別好」**。

稍微抬高對方身價的「放球座（Tee up）」技巧

還有一種技巧稱為**放球座**，**和逢迎拍馬類似，也**

擅長逢迎拍馬的先決條件

奉承話是用來討好他人的手段，但不管是誰聽到別人誇獎，心情一定不會太差。在商場上，為了討上司或客戶歡心，經常會說一些奉承話。

雖然這麼做會被人在背後說：「那傢伙很會逢迎拍馬」，但如果奉承話有助於創造良好的人際關係，善加利用或許可說是上上之策。

「逢迎拍馬」這句話聽起來印象不是很好，但其實這是心理學中**迎合行為**的其中一項。迎合行為意指**為了得到特定對象的好感所做的言行**，也可稱為**「獻殷勤*」**。在社交場合中，是一種出色的溝通技巧。

*__獻殷勤__　為了討好特定對象所做的言行舉止。例如藉由讓對方「自吹自擂」來增加好感，傾聽他人的豐功偉業，也可以算是一種「獻殷勤」。

能夠讓對方心情好轉。這個詞原本是指將高爾夫球放在開球座上（Tee），引申為稍微抬高對方身價（Tee up）。在商務場合中，可以說是不可或缺的技巧。

放球座的具體做法，就是**找出對方的優點來稱讚**。例如對上司說：「您今天打的這條領帶很好看」，或對客戶公司的部長說：「您的部門一直都很有活力耶」。這些話都能使他人心情好轉，連帶提升自己在對方心目中的好感。想要善用放球座這項技巧，必須隨時留意他人的外表及身邊的狀況。

逢迎拍馬（獻殷勤）的技巧

逢迎拍馬是讓溝通更加順利的一種技巧，巧妙運用這個手法，也是一種處世之道。

奉承

藉由稱讚對方來博得好感，但是不切實際的奉承只會造成反效果。

自貶身價

藉由貶低自己來抬高他人身價。

迎合

迎合他人的意見，但是太常使用會給人刻意的感覺。

親切

仔細觀察他人的行動，必要時展現出親切的一面。這麼做會讓對方覺得「他對我特別好」。

14

不擅溝通的年輕人

強烈的對人恐懼，缺乏非語言溝通技巧

年輕人過度關心自己

我們經常聽到有人抱怨：「新進員工都不知道怎麼跟人溝通」、「一句話都講不好」。**對人恐懼**、**社交恐懼**這些心理學用語，指的就是面對人群時，引起的不安情緒。特別是在對話時，心裡會不安地想著：「他是不是看不起我？」、「他是不是討厭我？」，這些人**十分在意他人對自己的評價**。

心理學家**巴斯**（David M. Buss）將對人恐懼分成四類，分別是「**害羞**（Shyness）」、「**聽眾恐懼**」、「**困惑**」、「**恥辱**」。首先心裡會感到害羞及聽眾恐懼，接著開始發生困惑與恥辱的情緒。

據說，日本人天生就懷有對人恐懼的特性，只是程度多寡因人而異。特別是年輕人**過度關心自己**，**自然就更加在意自身行為，對身邊人群的關係會產生什麼影響**。

非語言溝通的重要性

然而，語言並不是唯一的溝通管道，也有不需透過語言的形式。前者我們稱為**語言**（Verbal）**溝通**，後者即為**非語言**（Non-verbal）**溝通***。

在日常生活中，我們經常活用這兩種形式，將自己的意圖及感情傳達給他人。語言溝通能夠具體傳達對話內容（語言訊息），而**想要傳達與他人良性互動或釋出善意時，利用非語言溝通能收到較佳的效果**。

＊**非語言溝通** 根據心理學家梅拉賓調查結果顯示，人們在說話時留下的印象，有 55% 來自於視覺訊息，聽覺訊息占 33%，語言訊息為 7%，非語言訊息占了絕大部分比例。

非語言溝通意即表情、動作、態度、手勢、音量大小或語氣。

各位會不會覺得，時下年輕人共通的問題，就是缺乏成熟的非語言溝通能力。同時，對於他人傳送的非語言溝通，也不具備足夠的解讀能力。

當然，社會經驗不足是造成上述情況的原因之一，但或許時下年輕人欠缺好奇心，才是隱藏在背後的主要因素。

非語言溝通的種類

心理學家奈普（Mark L. Knapp）將非語言溝通分為以下七類，這些行為絕大多數發自於無意識之間，因此更能從中窺見真正的想法。

身體動作
- 表情
- 肢體動作（手勢）
- 視線
- 姿勢

等等

身體特徵
- 儀容（體型與服裝）
- 體味
- 髮型
- 膚色

等等

肢體接觸
- 是否明確接觸，以及接觸的方式（肌膚之親）

等等

近似語言
- 語調高低
- 說話節奏
- 說話速度
- 表情（哭泣、歡笑）

等等

接近學（Proxemics）
- 距離掌握
- 座位選擇

等等

外在加工
- 化妝
- 服裝
- 服飾配件

等等

環境
- 溫度
- 照明
- 室內裝潢

等等

15

不停換工作

追求理想導致優柔寡斷的「青鳥症候群」

工作選擇較多元

最近某項調查顯示，應屆畢業生在進公司三年內，離職率高達三成以上。也就是說，年輕人並不是因為被裁員而不得不轉換跑道，他們只是**「迷失的大人」**，不斷說著：「這個工作不適合我」、「應該有更好的工作」，結果輕而易舉就換工作。

數十年前，人們理所當然必須繼承家業，或是大學畢業之後在同一家企業上班，一直做到退休為止，在當時這是非常普遍的情況。

然而，到了泡沫經濟時代，勞資關係成為賣方市場，再加上男女平權意識抬頭，雇用機會均等相關法令實施，原則上女性在工作上，也能享受與男性同等的待遇。簡單來說，**整體工作選擇變得更加多元化**。

不斷追求「更好的工作」

人們在面臨多元化的選擇之際，心中的欲望也會隨之高漲。費盡千辛萬苦得到某樣東西，心裡卻想：「不對，應該還有更好的選擇」，於是不知足地尋尋覓覓。只為了找到理想中的「某件東西」，最終落得迷惘又不知所措的下場。這種情況在心理學上稱為**「青鳥症候群**＊」。

據觀察，罹患青鳥症候群的人，大多都是自幼生長在過度保護的環境，學校成績優異，或是做什麼事情都逃不過雙親的監視。這些人因為在校成績

＊**青鳥症候群**　源於比利時詩人梅特林克（Maurice Maeterlinck）的童話劇《青鳥》，主角吉吉兒和米吉兒為了尋找能夠帶來幸福的青鳥，到世界各國旅行的故事。

不錯，因此自尊心也頗高，但在成長過程中，缺乏生存於社會所須的訓練。長大成人之後有一項共通點，就是只要有一點小事無法如願，便受不了打擊。同時，當他們找到某個工作，開始上班的瞬間，就只會雞蛋裡挑骨頭，覺得那個工作無聊透頂。這種心理稱為**「幸福的矛盾」**。

但現今是經濟大蕭條的平成年代（譯注：一九八九年一月八日起，直至現在），年輕的失業者開始增加。雖然在意義上和過去不盡相同，但工作選擇確實又開始變少了。

反映時代的各種症候群

隨著時代變化，各種症候群也因應而生。以下介紹幾項足以象徵時代背景的症候群。

青鳥症候群

認為「現在的自己，不是真正的自己」，不停更換工作的年輕人。

彼得潘症候群（➡P 58）

不想踏入社會獨立生活，不想成為大人，心智還是小孩子。大多發生在青春期之後的男性身上，是一種社會不適應現象。

冷漠症候群（Apathy Syndrome）

面對工作或學習，本應是非做不可的本分卻喪失目標，陷入對一切不關心、無所謂的狀態。若是發生在上班族身上，就稱為上班族冷漠症。

卸貨症候群

症狀類似五月病，由於五月以外也會發生，故另外命名。意指達成某項目標後，對任何事物便提不起勁，陷入死氣沉沉的狀態。

16 因為壓力而導致拒絕上班症

愈是認真努力工作的人，愈容易罹患這種心病

踏著沉重的腳步去公司

各位身邊如果有同事，最近遲到次數增加，或是經常不說一聲就曠職，這種人可能就是患了**拒絕上班症**＊。拒絕上班症是**憂鬱症的一種**，簡單來說就是**「成人版的拒絕上學」**。

就精神層面的症狀來說，病患會有憂鬱、找不到存在價值、意志消沉等情況。在生理上，症狀較輕微的時候，早上起床腦袋一片空白，一想到要上班就心生厭惡，前往公司的路上感到腳步分外沉重。症狀更嚴重時，每天出門上班時，就會感到強烈嘔吐感甚至是心悸，愈接近公司就覺得呼吸困難及頭痛難耐。病情至此，對日常生活也開始造成影響。

再者，有些人在**星期一特別不想去公司**。這種情況稱為**週一病**，每到週一早上就想到「接下來又是難熬的五天」，心情便鬱悶得不想上班。

職場壓力是主要原因

由拒絕上班症惡化為**憂鬱症**的人數正在大量增加中，患者的數量多到可以稱為**「心理層面的感冒」**，現今日本五人之中就有一人可能罹病。

不管是拒絕上班症或是憂鬱症，**最大的原因在於職場上的壓力，例如企業追求組織合理化及講求能力主義（成果主義），或是必須保持良好人際關係，**這些事情都是壓力的來源。

大多數容易罹患這種心理疾病的人，**工作態度總**

＊**拒絕上班症**　或稱為拒絕出勤症、上班障礙症、頻繁請假。患者去上班時，愈接近公司，心悸的現象就會愈嚴重，或是在上班途中強烈腹痛，最後不得不在中途下車。

是認真又努力。也正因為如此，當他們被交付重大任務時，責任感會變成巨大的壓力，不安情緒隨之高漲，一旦遭遇挫折容易就此一蹶不振。

再者，就算本人察覺有症狀，卻因在意公司對自己的評價，而不敢請假。從旁人的眼光來看，難以了解病人內心有多痛苦，因此我們不能劈頭就責怪他們偷懶懈怠，也不能用不著邊際的話語來鼓勵他們，因為這些做法只會讓他們更加焦慮。

倘若覺得自己有拒絕上班症或憂鬱症傾向，建議前往醫院接受心理治療，或向專業心理醫師諮詢。

「拒絕上班症」自我評量

了解什麼人容易罹患拒絕上班症，藉此檢視自己罹病機率高低。

- ☐ 工作態度認真努力
- ☐ 一絲不苟的完美主義
- ☐ 將工作視為生存價值
- ☐ 即使面對超出自己能力的工作，仍舊一個人埋頭苦幹
- ☐ 對自己的能力有自信
- ☐ 在意公司對自己的評價
- ☐ 無論多瑣碎的指責，立刻就認為自己的評價會因此下滑

改編自美國精神醫學會發表的「精神疾病診斷與統計手冊」（DSM-IV）

17

突如其來的無力感

工作時總是幹勁十足的人，突然陷入「身心俱疲症候群」

愈是工作認真、責任感強烈的人，愈是高危險群

平常工作起來幹勁十足的人，突然感到一股無力感襲來，好像整個人燃燒殆盡一般，做什麼事情都提不勁，這種狀況在心理學上稱為**「身心俱疲（Burnout）症候群**＊」。這是一九八〇年美國心理學家費登伯格（Herbert J. Freudenberger）提出的概念，意指至今將工作視為生活重心的人，在**全身精力用盡之際，陷入身心俱疲的狀態**。

當重要專案完成，或長年辛勤工作終於迎接退休，總之就是**一個階段結束之際**，最容易發生這種症狀。原因是一直無怨無尤、犧牲奉獻，卻沒有得到適當的認同，或是成果不如自己預期優異等等，此時不滿及無力感、羞愧等情緒便會排山倒海而來，最後使得當事人身心俱疲。因此，**工作認真**、**責任感強烈**、**容易沉迷或完美主義的人**，都是這種病症的高危 險群。初期會缺乏幹勁、失眠、體力下降，隨著病情惡化，頭痛、胃痛等身體上的症狀也會隨之而來。之後，病症還可能更加嚴重，到了這個階段，病人將變得十分厭惡到公司去。

任何人都有可能罹病

任何人都有可能罹患身心俱疲症候群，特別是醫師或護士，從事醫療、社會福祉相關工作的人，罹病比例特別高。當自己用盡心力治療或照料的病

＊**身心俱疲症候群**　達成人生最大的目標後，沒有繼續努力的理由，因而渾渾噩噩度日。網球選手珍妮弗 · 卡普莉亞蒂（Jennifer Capriati），足球選手鬪莉王即是有名的兩個例子。

患，到最後一切努力都是白費，病人還是回天乏術，此時醫護人員最容易陷入身心俱疲的狀態。

另外，以下還有幾種實例，專職家庭主婦辛苦養育孩子，終於熬到他們能夠獨自生活，考生經過多年苦讀終於考上理想學校，或是以奧林匹克為目標的運動選手，經過長期不間斷的鍛鍊後，終於奪得金牌，這些人都可能在獲得成果的瞬間感到身心俱疲。一九九二年巴塞隆納奧運時，在女子馬拉松項目中，精彩奪下銀牌的有森裕子選手，也是深受身心俱疲症候群所苦的病患之一。

身心俱疲症候群的症狀

這個心理疾病並非不關己事，任何人都有可能會得病。為工作奉獻一生的商務人士、運動選手、醫療及社會福祉相關工作人員，據說都是高危險群。

身體徵兆

- 肩膀僵硬
- 胃痛
- 睡眠品質不佳
- 頻繁的頭痛
- 總是感到疲勞

心理徵兆

- 曾經喜愛的事情不再覺得有樂趣
- 心裡總是充滿不安
- 注意力難以集中
- 逐漸變得悲觀
- 感受不到希望
- 經常感到挫折
- 變得易怒

行為徵兆

- 食欲不佳
- 工作上沒有成果
- 愈來愈常一個人吃飯

說服他人的技巧

「說服」是指特意透過訊息傳達，來改變他人的意見、信念及態度。

說服的方式有許多種，依照對象及目的分開使用，效果更好。

在會議或商談場合，甚至是追求鍾情的異性時，都可以試著使用說服技巧。

Technic

1 得寸進尺法（Foot in the door technic）

利用人們只要答應一次簡單的要求，接下來對於下一個要求就難以拒絕的心理。

→ 「之前已經答應過相同的請求」這樣的想法作祟，因此難以拒絕。

例 先提出小金額借款，順利借到手之後，下一次再提高借款金額。

Technic

2 以退為進法（Door in the face technic）

先提出一定會被拒絕的要求，等對方拒絕後，再逐次降低要求條件。

→ 當人們拒絕一項大的請求時，心裡總有些許愧疚，接下來若聽到條件降低，心裡就會想：「對方都已經讓步了」，最後便接受請求。

例 在工作上交涉價格時，首先提出高額請求，被拒絕之後再逐次降低金額。

Technic

3 低飛球法（Low ball technic）

一開始先提出不錯的條件，重點在於取得對方的同意。但是，其實之前提出的條件只是個幌子，取得同意後就變更條件。

→ 一旦說好的事情，同意的一方心裡自然會存在履行的義務感，因此就算之後條件改變，也難以拒絕。

例 先以高利率做為借款條件，借到錢之後再要求對方降低利率（或改為無息）。

Technic

4 片面提示（單方提示）

對於自己想要主張的內容，只提出贊同的觀點。

例 介紹商品時，只說明優點。

Technic

5 兩面提示（雙方提示）

同時提出贊成與否定觀點。

例 介紹商品時，同時說明優點及缺點。

讓下屬提起幹勁的方法

各位的下屬或同事中，是否有些人總是提不起幹勁呢？若是想讓他們打起精神，藉此提升職場全體士氣的話，一定要試試公開表態（Public commitment）的技巧。

Technic 1 創造動機

拜託妳了
我會努力！
PRO
JECT

幫下屬設定一個量身訂做的目標，便能使他提起幹勁。或許下屬無法達成目標，然而一旦成功的話，當事人心中的喜悅及成就感絕對是無與倫比，同時也能從中得到珍貴的收穫。總之，這麼做就能激發下屬的挑戰精神。

Technic 2 公開表態（Public commitment）

這個月，
我要達成這
項目標！

在眾人面前宣布自己的目標，之後為了實現說過的話，必定會更加努力。在事案或工程開始前，集合眾人精神講話（Kick-off meeting）也是同樣的技巧。

Technic 3 外在動機（糖果與皮鞭）

組長
只要完成這項工作，你就能升上組長
你的能力應該不只如此

利用外在動機，例如責備或是誇獎，可以提升下屬的士氣。有些人聽到上司誇獎，做起事來就更加積極。或者對下屬說：「只要完成這項工作，你就能升上組長」，稍微提及報酬也是一種有效手段。責備下屬時，不能只是罵得他狗血淋頭，最後一定要加上一句：「我對你期望很高，你的能力應該不只如此。」

PART 6

戀愛時的心理狀態

Ⅰ 選擇結婚對象的條件，男女大不同

女性重視社會地位和數字，男性以外表和個性來選擇

追求滿足理想條件的對象

女性經常以「**結婚對象的條件**」做為聊天的話題。在泡沫經濟時代，女性心目中理想的結婚對象是所謂的「**三高**＊」，簡單來說就是高收入、高學歷、高身高，這些條件的特色，就是都能夠明確換算為數字。然而，在泡沫經濟崩壞後，「**三低**」便成為結婚的理想對象，所謂三低意指低姿態、低依賴、低風險。時至今日，女性的擇偶條件又是什麼呢？社會不斷變遷，或許女性心中的理想對象也會隨之改變。

無論如何，女性對於結婚對象的要求**重點**，**就是考慮對方是否滿足自己心中的理想條件**。而且大多數女性認為，只要能夠滿足條件，就可以跟對方結婚。這是因為在她們意識深處認為，**長時間的婚姻生活中，必須具備維持基本生活的經濟能力，以及促成良性互動的溝通能力**。

女性要求男性必須具有社會地位

為了維持安定的生活，女性在擇偶時，勢必會考量男性的**經濟能力**，也就是將職業視為評估要素。例如：「在大企業上班」、「醫生」……都是加分的條件。總而言之，多數女性在考慮交往對象或結婚對象時，都會要求對方具有一定的社會地位。或許有人會說：「只要有愛，金錢根本不重要」、「男人的價值不是靠金錢決定」，其實這些都只是虛偽

＊**三高**　一九八〇年代末期，泡沫經濟全盛時期，女性的擇偶條件，後來也成為流行語。泡沫經濟崩壞後，心理學家小倉千加子提出 3C 理論。意思是指 Comfortable（舒適→優渥的薪資）、Communicative（互相理解→地位相等或稍微高一些）、Cooperative（具協調性→會主動做家事）。

的場面話。

具備經濟能力就代表**「有能力，知識水準較高」**，跟這樣的人結婚，生出來的孩子勢必能繼承優秀的DNA，這也是女性在擇偶時的一項迷思。

男性喜歡年輕貌美的女性

男性在選擇交往對象時，重視的是女性的外表。一般人對男性的印象都是**「喜歡年輕貌美的女性」**，所以我們才會經常聽到一些年長的男藝人，與年紀相差甚多的女性結婚的消息。

年輕女性給人身體健康的印象，感覺上能夠生出強壯的孩子，再加上美貌的話，對男性的吸引力自然不在話下。

另一方面，近來**與年長女性結婚的男性**有增加的趨勢。過去，男性一般都與比自己年輕五～十歲左右的女性結婚，年長的男性人生經驗較豐富，且具備穩定的經濟能力，由他們來帶領年輕女性可以說是理所當然的事情。女性也很自然地認為，必須跟隨男性的步調生活。

但是，現在男女之間的主從關係開始改變。**想擔任領導角色的女性，以及只想跟隨在後的男性**，可說都在增加中。

心理學小常識　「婚活」蔚為風潮的成因

日本人將尋找就業機會的活動稱為「就活」，而尋找結婚對象的活動即為「婚活」，這個詞大約從二〇〇七年開始普及，二〇〇八年甚至被提名為流行語大賞候選。同時提供婚活機會的服務也急速增加，象徵著在這個年代，不參加婚活幾乎找不到結婚對象。

目前晚婚、不婚的趨勢正加速進行中，未婚者增加的主要理由有以下幾項，「邂逅的機會太少」、「經濟上的理由（非正式雇用的勞動者增加，整體環境不適合養育後代）」、「眼光太高」、「不擅長與異性交往」、「婚姻觀、價值觀的多元化」。

2

搶奪他人伴侶的女人，奮不顧身去愛的女人

掠奪式的愛渴望他人的東西，奉獻式的愛付出一切得到喜悅

由搶奪中品嚐優越感

有些女性會被人這麼說：「她這個女人，很會搶別人的男朋友」，或者自己會說：「我也不知道為什麼，就是愛搶別人的男朋友」。這樣的例子，俗稱**掠奪式愛情或掠奪式婚姻**。各位雖然不會真的採取行動去「搶奪」，但或多或少是否有對朋友的戀人或丈夫抱有好感呢？

為什麼有些人就是會對他人的戀人或丈夫抱有好感？理由在於對方已經在交往中，因此**給人的印象就是有安全感，以及是個「好人」**。既然其他女性選擇他做為戀人，代表這個人一定有獨到的優點，而自己也就沒有必要重新去認識這名男性。

又或許如俗話所說**「鄰家草地比較青***」，人們**總是對自己無法得到的東西感興趣**，別人的東西看起來總是比較誘人。

有時候是兩個女人之間早有敵對意識，因此其中一個心裡燃起鬥志，認為「自己不可能比她差」，結果就使出渾身解數搶奪對方的男友。其實，**這樣的女性或許只想證明「自己比那個女人還有魅力」，藉此得到優越感**。

無論如何，對他人的男友或丈夫產生愛慕之情，這種行為屬於個人自由，但若是真的採取行動破壞人家的感情，對於被橫刀奪愛的女友、妻子，甚至是小孩都會造成傷害。而且，始作俑者的心情也不可能多快樂。一旦決意投入掠奪式愛情，心裡就必須有所覺悟，各種紛爭勢必接踵而來。

＊**鄰家草地比較青**　這句話是用來形容，人們總是覺得他人的東西比較好。這種心態通常是由自我嫌惡或自卑感衍生而來，因為這些人總是用自己的缺點去跟他人的優點比較。

奉獻一切，從中獲得喜悅

另一方面，**有些女人會為男人付出自己的一切**。只因為男人不會做家事，她們就會特地到對方家裡，為他們打掃、洗衣、煮飯，甚至連衣服都燙好。此時女性心裡是這麼想的：**「要是我不在他身邊，他根本就活不下去」**。又或者是：**「我都已經做到這種地步，他一定會愛我。」**

奉獻一切的女性，和「掠奪式愛情」相反，她們和男性在一起，只是想滿足自己希望被認同的願望，向對方展現出一種**「被需要的愛」**，簡單來說就是**「奉獻式愛情」**。在無意識之間，**她們為別人奉獻一切的行為，將直接轉化為自己的喜悅**。

但是，從男性的觀點來看，就算女性為自己奉獻一切，也不代表自己一定會愛上她，有的時候只是單純的「感謝」而已。這個時候，付出一切卻沒有得到預期的回報，女性心裡會想：「我都已經做到這種地步，他竟然背叛我」，甚至對此勃然大怒。

心理學小常識　男女之間是否有純友誼？

「男女之間的友情是否能夠成立？」，這是兩性關係中永遠無解的問題。認為「可以成立」的人，應該是實際上曾經和異性培養出一段友情吧。這類型的人，通常交友廣闊，而且習慣於複雜的人際關係。雖然戀愛經驗豐富，但另一方面又不喜歡受到束縛。

認為「無法成立」的人，現實中很難和異性建立普通朋友的關係。他們從不積極去接觸異性，一旦和異性相處，卻又極力想展現自己的魅力。這種人無法忍受男女之間有曖昧關係，同時不僅是對異性，就連對普通的同性朋友，也帶有明確的喜惡感情，大多數只和特定的朋友往來。

3

剛被甩的人比較容易追求嗎？

在對方失去自信的時候示好，能讓對方感到喜悅

趁著對方自我評價低落時展開攻勢

各位女性讀者，假設妳們鼓起勇氣向懷有好感的人告白，結果遭到拒絕：「對不起，我只把妳當成朋友」。心裡一定會意志消沉地想：「是不是我太沒有魅力呢？」

此時，如果有一名男性溫柔地陪伴在身邊，並且開口說：「請和我交往吧」，相信大多數女性都會萌生好感，很有可能就和對方開始交往。

平常自我評價*頗高的女性，一旦遭到拒絕，自我評價便會急速下降，在這樣的狀況下，就很容易和平常不曾考慮的對象交往。相對地，如果各位男性讀者有心儀的對象，**趁著她們自我評價低落的時候，溫柔地給予鼓勵，或許能夠藉此一舉擄獲芳心。**

「好感自尊理論」的實驗

如前述所言，當人們自我評價低落時，只要有人接近身邊來示好，就會深深被吸引。這種心理現象稱為**「好感自尊理論」**。英國心理學家**魏斯特**（William Walster），曾經進行以下實驗來證實這個理論：

①針對參予實驗的女學生，事先進行有關個性的問卷調查。

②過幾天，將女學生們叫到實驗室，並且派出數名帥氣的男學生（工作人員），吩咐他們溫柔

* **自我評價** 意指「愛惜自己的心情」、「對自己的肯定」及「自信」這三項要素的總合。自我評價的表達方式是「高／低」、「安定／不安定」。

地向女學生攀談，最後邀請女學生日後再碰面約會。

③男學生離開實驗室之後，將最初的問卷調查結果發還給女學生。其實這些調查結果已經動過手腳，分為兩個種類：一類是能讓她們自我評價提高的結果，另一類則反之讓她們降低自我評價。

④之後，請女學生回答對男學生的好感程度。實驗結果顯示，自我評價降低的女學生對男學生的好感度，遠比自我評價提升的女學生還要高。

「好感自尊理論」的實驗

心理學家魏斯特認為，人們在自我評價低落的時候，較容易陷入情網，並且用以下的實驗來證明。

1 事先請女學生接受有關性格的問卷調查。

↓

2 過幾天，將女學生們叫到實驗室，並且派出數名帥氣的男學生(工作人員)，吩咐他們溫柔地向女學生攀談，最後邀請女學生日後再碰面約會。

↓

3 男學生離開實驗室之後，將最初的問卷調查結果發還給女學生。其實這些調查結果已經動過手腳，分為兩個種類：

A：讓女學生充滿自信的高評價（自我評價上升）

B：讓女學生喪失自信的低評價（自我評價下降）

↓

4 之後，請女學生回答對男學生的好感程度。

結果 取得B評價的女學生，對男學生抱持較強烈的好感。

4

喜歡上對方就迎合其喜好

利用印象操作來引起喜歡的人注意

普林斯頓大學的實驗

假設女性讀者聽到自己心儀的男性說：「我喜歡適合短髮的女生」，為了讓他多看自己一眼，會不會去剪短髮呢？

這種**配合對方喜好，改變自己形象的心理**，就稱為**印象操作**＊。這種心理狀態，已經過實驗證明。

美國普林斯頓大學，召集了一群女學生，調查她們畢業後想就業或結婚。接著告訴她們，這是一項有關第一印象的實驗，再把某位男性的個人資料交給她們。

資料中的男性今年二十一歲，身高一百八十三公分，同樣就讀於普林斯頓大學，是三年級的學生。興趣是兜風和運動，目前正在尋找戀人。理想的女性是個性溫和，擅長照顧家庭，在旁人面前總是以丈夫為重。

接下來對女學生說：「請回答以下的問題，我們會將妳的答案交給那個男生」。

此時女學生們回答的問題，都經過巧妙的設計，在她們不知情的狀況下，可以判斷她們是「希望就業還是希望結婚」。

分析了女學生的回答之後，發現一開始回答「希望就業」的女學生，多數都改變成「希望結婚」。簡而言之，就是當她們看到一名條件極佳的男性，心裡就希望能帶給對方好感，在無意識之中便配合起他的喜好。

＊**印象操作**　為了在他人心裡留下良好的印象，操作自己的行為。美國總統選舉時的形象塑造，也是印象操作的一種實例。

勉強利用印象操作，只會招致失敗

但是，如果只是壓抑自己的意見，一味地配合對方，起初可能相處得還不錯，但經過一段時間後，將會造成極大的問題。

以前述實驗為例，原本畢業後希望就業，以認真工作為夢想的女性，和那位希望妻子以家庭為重的男性結婚，兩人勢必因為價值觀不同而爭吵不斷，最後總有一天會以離婚收場。印象操作的使用，應該維持在不強迫自己的程度方為上策。

3D虛擬世界中的印象操作

有一款3D虛擬世界軟體，名為「Second Life（第二人生）」，使用者可以創造一個「化身（Avatar）」，在架空的世界裡悠遊探索，也可以和其他使用者交流。在這個世界裡也可以談戀愛，或是選擇生活伴侶。

在第二人生當中，
能否利用化身享受快樂的戀愛經驗，
取決於印象操作是否得宜。

A
外觀出眾
的金髮美人
化身

B
老太婆形象
的化身

↓

兩人同時參加派對，
A會吸引許多男性來攀談，
但眾人並不知道A在現實世界的容貌。

5 為什麼會一見鍾情？

毫無根據地深信「喜歡的人就是理想中的異性」

和過去喜歡的人容貌相似

一見鍾情＊可以說是「**被愛沖昏了頭**」的情況，意指初次見到某位異性的瞬間，情欲面就強烈地受到吸引。有些人經常說：「我是容易一見鍾情的人」，而有些人並不會輕易喜歡上別人，由此可見不是每個人都會一見鍾情。那麼，到底什麼樣的人容易一見鍾情呢？

所謂一見鍾情，並不是因為在一瞬間看穿對方的性格或內心想法，進而喜歡上對方。一般來說，**遇到和舊情人長相神似，或是符合心目中理想異性條件的人，就容易發生一見鍾情的情況**。因為舊情人或理想的異性，經常讓人腦海中浮現「我喜歡那個人」的錯覺。

另外，**容易一見鍾情的人，可以說本身就容易墜入情網**。然而，叫人難以理解的是隨著年紀增長，一見鍾情的次數會逐漸減少。或許是因為人們漸漸了解到，理想與現實之間絕對存在著差異吧。

由「熱愛」轉化為「友愛」

一見鍾情是受到容貌或造型這些外在條件吸引，也可以說是愛上自己創造出來的理想及幻想。但是，一旦真正開始交往，愈來愈了解對方之後，不少人才會發現美麗的形象終究會幻滅。

《人際吸引力》（Interpersonal Attraction）一書的作者，同時也是出身於美國的心理學家**柏絲柴樂與**

＊**一見鍾情**　在法國是以「被電到」來形容這種感覺，意思是說因為他人的外表（部分的魅力），引發「熱情」或「激情」反應。

魏絲特，她們將人類對異性的感情分為「**熱愛**」與「**友愛**」。一見鍾情是屬於前者，定義是**情緒波動伴隨著生理上強烈的興奮感覺**。這戀愛時短暫的情感，來得快去得也快。

一段感情是否真實，至少必須和對方相處六個月以上才能確定。若想讓一見鍾情昇華為真正的愛情，就不應該被外表矇蔽，必須觀察對方的思考邏輯、性格及理智面等特質。

一見鍾情的瞬間

一見鍾情是怎麼發生的呢？讓我們來看看以下幾種常見的實例。

理想中的情人

遇到心目中理想的異性，心裡就會湧出一股親切感，因而受到吸引。

臉上特徵與自己相似的人

當人們遇到一位眼睛、鼻子、嘴角及臉部整體感覺與自己相似的人，心裡自然會湧出親切感。

遺傳因子差距顯著的人

遇到一名對象身上有自己欠缺的特徵，心裡便會想像與對方生下的後代，會分別繼承雙方優秀的遺傳因子。

6

花心的理由，男女大不同

男人為了滿足性欲，女人藉此表達對丈夫的不滿

雄性的本能與征服欲

「有本事花心才是有價值的男性」，這句話從過去就一直流傳至今。實際上，男性較女性花心，確實是一般人認同的觀念，也因此許多女性發現另一半變心時，心裡只能這麼想：「男人就是愛拈花惹草，沒辦法啦」，藉此說服自己不再追究。

到底為什麼男性容易花心呢？從進化論的角度來說，**雄性動物的本能就是必須在有生之年，盡量與多數雌性交配，以達成「留下子孫（物種延續*）」這項任務**。另外，當男性和妻子（戀人）交歡之後，便會認為：「這個女人屬於我」，**征服**感與**占有欲**也因此得到滿足，之後便開始尋找並征服下一位陌生女性（雌性）。

女性在心理與肉體沒有得到滿足時

另一方面，女性花心的案例也逐年增加。過去，女性貞潔賢淑是社會上共通的認知。但時至今日，透過問卷調查顯示，未婚女性花心的比率，其實高達六成以上。而且**教育程度愈高的女性，花心的經驗就愈多，同時還有調查發現，婚前性經驗較多的女性，婚後也較容易外遇。**

男性花心的原因幾乎都是單純只為了滿足性欲，但**女性大多是真的喜歡上對方之後才會花心**。也就是說她們花心的理由，**是因為無法從丈夫（男友）身上得到心理與肉體方面的滿足。**

＊**物種延續**　萬物演化至今的形態，是經過無數次物競天擇後的結果，而且僅有絕少部分的物種殘存下來。這樣的過程就稱為「物種延續能力」。

花心時的心理狀態

花心絕對是一種無法正當化的行為。特別是已婚男女外遇被發現時，必須接受法律制裁，連帶還會背上高額賠償。一般人想到這些狀況，就不會做出踰矩的行為。但即使如此，卻還是有人會犯下外遇這項錯誤。這些人的心理狀態主要可分為以下六種。

追求冒險為目的

這類型的人抱持著冒險及好奇的輕浮態度，追求一夜情。他們打從一開始就只打算「玩玩」，回歸家庭之後還是能繼續扮演「好爸爸、好媽媽」的角色。

抱著遊戲的感覺

這些人認為外遇就像一場遊戲，著迷於「如何攻略對方」。一旦達到目的之後，就對眼前的對象失去興趣，並開始尋找下一個目標。總之，他們的目的只是想證明自己的魅力。

追求自我存在價值

這種人對自己的容貌、個性及能力沒有自信，總認為「自己沒有魅力」。這類型的人以女性居多，只要受到男性勾引，心裡就會產生「被人需要」的感覺，進而抗拒不了誘惑。

為了報復丈夫或男友

遭受戀人花心的對待，進而萌生以其人之道，還治其人之身的報復心態。過去曾遭到背叛的人，日後容易受自我防衛機制影響，搶在另一半之前就先變心。

害怕更進一步的關係

過去在人際關係上曾經受過重大傷害的人，有恐懼他人的傾向。因此他們害怕和同一個人建立太深厚的關係，只能在關係更進一步之前不停更換對象。

為了尋找「青鳥」

就算結婚或有固定交往對象，還是「不斷尋找更好的對象」，也就是為了追求理想的「青鳥」而花心，這類型的人通常懷抱著強烈的自卑感。

7 男人一旦花心，女人馬上就會發現

女性的直覺能夠看穿男性伴侶的花心

不同於平常的舉動，會引起動物的懷疑本能

偵探社或是徵信社接到最多的案子就是**外遇調查**，其中委託人以女性居多，她們上門時大都是這麼說：「我覺得我的男伴好像在外面偷吃」。但是並沒有確切的證據。不過，實際調查之後會發現，她們的直覺幾乎是百分之百正確。總之，**女性委託外遇調查的根據，就是直覺**＊。

舉例來說，丈夫一個人長期派駐到外地，做妻子的前往探視時，一進到房間馬上就發覺「**不對勁**」。例如房間的整理方式和丈夫的習慣不同，打開冰箱發現裡面竟然存放許多食物，或是丈夫說話的語氣、表情，都會讓妻子找到各種蛛絲馬跡。

於是，妻子心中開始「起疑」，但是她們並不會直接逼問丈夫：「是不是有別的女人？」，而是刻意問道：「唉呀，沒想到你這裡整理得這麼乾淨」。接著就等待丈夫的反應（同時觀察丈夫的語調和表情的微妙變化），藉此判斷自己的直覺正確與否。

所有女性都會在無意識、無自覺的情況下，進行這些觀察與確認，為什麼女性直覺如此敏銳呢？那是因為**對女性而言，最重視的一件事情就是「安心」**。女性背負著生育小孩的天職，因此必須從男性身上尋求安定的生活保障。她們可以說從幼兒時期起，就已經在無意識中了解自己的責任。從小她們就會以雙親做為察言觀色的對象，交男朋友之後

＊**直覺**　悟性、靈光一閃、第六感、敏銳的嗅覺。難以具體說明，卻能夠抓住事物本質的心思。只要和平常稍有不同，就能立即察覺，類似野生動物般的敏銳感覺。

也會觀察對方的行動，結婚之後更是每天確認丈夫的行動和表情。

正因如此，女性才能養成敏銳的觀察力，例如：不同於平常的氣氛、視線、手部動作、氣味、傢俱配置甚至是家裡的垃圾，一切都逃不過她們的雙眼。只要有一絲可疑之處，她們就會心存懷疑直到真相大白，並且在找到證據前持續觀察入微。

男性比想像中遲鈍

另一方面，男性卻是意外地遲鈍。就連另一半已經起疑，開始暗中蒐證，大多數的男性也不知道。所以當女人突然問道：「這條手帕是誰給你的？」，男人就會語無倫次，做出和平常不同的行為舉止，讓女人更加確信自己的懷疑有所本。

當男人察覺另一半可能發現自己外遇時，女人大都已經掌握確切證據，可以說是為時已晚，只能坦承一切過錯。但有些男人又死鴨子嘴硬，愈是辯解就露出愈多破綻。

奉勸各位男性讀者，盡早認清女人的直覺驚人之處，絕對不容小覷。

心理學小常識　女人的直覺在什麼時候會發揮作用？

女性在什麼情況下，會察覺不對勁並且心生疑竇？

- 不同於往常的氣氛
- 視線怪異
- 無法冷靜，一直在意周遭的人事物
- 平常話不多，卻變得多話
- 平常愛說話，卻變得沉默寡言
- 不同於往常的溫柔
- 手機片刻不離手
- 手機開始設定成靜音模式
- 無端說明一些沒人提問的事情
- 對無關緊要的問題，做出過度敏感的反應
- 對食物或隨身物品的喜好變得不同
- 開始在意穿著打扮

8

細心的男性為什麼較受女性歡迎？

了解女性想要什麼，並且讓對方記在心裡

這麼好的女生為什麼會喜歡醜男？

各位是否有這樣的經驗？美麗的女性友人說她即將結婚，向她要了結婚對象的照片來看之後，結果讓人大吃一驚：「天啊！妳為什麼會跟這種醜男結婚……」此時友人回答：「因為他很細心」。事實上這樣的情侶還不少。

看來**「細心的男人比較吃香」**，這句話似乎是真的。到底「細心的男人」有什麼特質呢？舉例來說，利用電子郵件或其他方式，經常和對方聯絡。當女性寫郵件（簡訊）過來，立刻回信。記得女性的生日。幫細心的男人做任何事情，他一定會回饋心裡的想法。改變服裝風格或髮型，他們一定會發現而且給予稱讚，還會記得心儀的女性喜歡什麼食物，約會行程也會事先安排好。跟這種人在一起，感覺就非常自然。

重點在於時機與距離感

其實細心的男人所做的一舉一動，全都符合心理學理論。他們會向他人示好，若對方不是真正非常討厭他，同樣也會抱持好感（**好意的回報性**⬇P142）。頻繁與對方聯絡，增加見面次數，自然能提升好感度（**熟知性原理**）。稱讚對方，能夠讓他們滿足**自我認同需求**＊。再者，細心更能帶給他人**安全感**。

但是，這分細心如果沒有掌握好**時機和距離感**，

＊**自我認同需求** 也稱為自我肯定需求，意指藉由他人的稱讚，提高自我評價和自尊心。總之，希望得到別人高度評價的欲望。

很可能只會變成單純的「死纏爛打」。細心的男人，深知女性要的是什麼，也知道如何取悅女性，但是他們的做法絕對不會太刻意，同時也能讓對方記在心裡。這可以說是相當高難度的技巧，但只要平常從這些小地方做起，久而久之就能成功擄獲芳心。

不過，正如俗話所說「**釣到魚之後不用再撒餌**」，許多男性在結婚之後，當初追求時展現的細心，就會一下子完全消失。或者把那份細心用在別的女性身上，不斷地拈花惹草。建議各位女性讀者，務必謹慎觀察身邊的男性，分辯他們是否真誠。

細心的男人知道取悅女性的重點

吸引女性的「細心」到底是什麼？以下為各位介紹幾個實例。

定期發送郵件（簡訊）

重點是女方寄來郵件時，必須立即回覆。

牢記女方的生日或其他「重要紀念日」

問到對方的生日後，立刻記錄在手機裡。只要設定好提示，就算忘記，當天也會出現提醒訊息。

察覺女方髮型或服裝有變化，就輕描淡寫地誇獎

首先必須要注意女方的變化，這對男性來說相當不容易做到。

記住女方的喜惡

記住對方喜歡的食物，事先預約美味的餐廳，並妥善安排約會行程。

讓女方先走，或是幫她開門

這些事情都必須做得自然，幫她們拉椅子或是提包包，也是加分的重點。

9 執著於「大小」與「高潮」的男人

堅信陽具尺寸以及讓女伴達到高潮是男性的勳章

陽具是取悅女性的武器？

一群男人在聊天的時候，有時候話題會圍繞在性器官上：「沒想到那傢伙竟然是巨根」，又或者青春期的少年經常煩惱著：「我是不是比別人小？」但是，對女性而言，她們只會覺得：「這種事情有什麼好在意的呢？真是傻瓜。」但男性仍舊認為這是個大問題。

為什麼男性會如此在意**陽具**＊**的大小**呢？原因是任何男性心中都藏有**「巨根神話」或「巨根願望」**。而且，男人們又深信**陽具愈大，在性交時愈能帶給女性快感**。總之，他們認為陽具是取悅女性的武器，同時也是受女性歡迎的一項重要因素。

但是，其實女性的性感帶並不是只有陰道，其他還有耳朵、脖子、大腿及乳房等，四處都有敏感地帶。即使以性器來說，陰核周圍也比陰道內部容易得到快感。

再者，在性交過程中，女性認為陽具的大小根本就不是多重要的問題。反倒是前戲及後戲有沒有用心取悅她們，能不能讓她們感受到愛意，這才是女性重視的事情。而且，過大的陽具甚至會壓迫陰道，讓女性覺得不舒服。

男人女人高潮大不同

性交之後，男性總是在乎女性有沒有「達到高潮＊**」**。因為他們認為能夠讓女性「達到高潮」是男

＊**陽具** 據說法國革命英雄拿破崙，也為陽具短小所苦，在他的主治醫師的病歷記載上，明確記錄拿破崙陽具短小並有早洩煩惱。

性的勳章，同時也能確信自己仍舊行有餘力，藉此得到滿足。相反的，若是女性「沒有高潮」，男人就會因此喪失自信。

但是，**男性和女性的高潮原本就不相同**。男性的高潮是「**射精**」，但女性並沒有明確的高潮表現。有些人在前戲時就會高潮，也有人在後戲時才高潮。另外，有些人每一次性交都能得到滿足，但有些人是完全沒有滿足過。總之，女性的身體差異因人而異，而且相差甚大。

由於男性一直無法理解男女高潮的差異，只是一味要求女性必須要有明顯的「高潮」，最後才會有女性為了取悅男性，刻意假裝高潮。

若是男性能夠確實了解女性高潮與性感地帶的相關知識，就會知道在意陽具大小，只是不必要的煩惱。

心理學小常識　精神分析師對男性生殖器的見解

奧地利精神分析師佛洛伊德相信，原欲（性衝動）的發展過程，分為口腔期（〇～十八個月）、肛門期（一～三歲）、性器期（三～六歲）、潛伏期（六～十二歲）、生殖期（十二歲～）五個階段，倘若每一個階段的性欲都能得到滿足的話，原欲便能順利無礙地循序發展。

性器期是男孩的陽具及女孩的陰核，開始感受到性衝動的時期，此時孩子開始對雙親中的異性產生性層面的關心，同時對雙親中同性產生憎恨的情感，並逐漸增強。

奧地利精神分析師賴希提倡「性解放」是最理想的性欲理論，他認為人類幼兒時期對性的體驗，會影響日後性格的養成，並將性格分為歇斯底里型、性器型（性器期自戀性格）、生殖器型。其中性器型性格的特質是「誇示男性氣概、充滿精力及自信」。

＊**高潮**　原文為 Orgasm，意指達到性方面的快感最高峰。有些女性無法達到性高潮，或許是自身生理上的問題，也有可能是性伴侶的問題。

10 被與自己相似的對象吸引

選擇與自己相似的對象——配對假說與類似性法則

和相似的人在一起能使人安心

各位在街上看到情侶，會不會覺得他們大多是**相似的人**？美國心理學家**柏絲柴樂**指出，人們在選擇伴侶時，經常會找尋與自己相似的人。

在興趣、長相、穿著打扮**各方面相似度較高的兩個人，比較容易結為伴侶**，這個現象稱之為**配對假說***。

為什麼成長環境、學歷、價值觀、宗教觀、娛樂及態度等相似的人較容易互相吸引呢？原因很簡單，因為他們談話時比較有交集。

再者，人們遇到比自己還有魅力的人，心裡很自然會害怕被拒絕。相反地，如果遇到比自己沒有魅力的人，又不想自貶身價去接受對方。結果，最後還是選擇程度相當的人做為伴侶。

如何縮短彼此間的距離？

兩人在相遇的瞬間，雖然對彼此並不熟悉，但是在相處中自然會**找到相似處，從中獲得親切感，並縮短兩人之間的距離**。這樣的過程可以說就是戀愛形成的通例，也稱做**類似性法則**。

類似性法則的特徵如下所述：①性格、興趣、嗜好及價值觀相似的兩個人，較容易成為伴侶。②對方和自己的態度相似，因此容易預測下一步行動，也容易獲得認同。③配合對方時，心理上的負擔較低，有助於減少無謂的爭執。

＊**配對假說**　也稱為相稱假說。以實例來說明，就是害怕被人拒絕，因此找尋和自己相似的對象來告白，藉以提高成功率。

各位若是想得到喜歡的人青睞，或是無法與異性良性溝通，為此苦惱不已，可以利用這個法則，和心儀的人拉近距離。與人相處時，刻意找出相似點，這種手法叫做**鏡像反射***。

簡單來說，就像照鏡子一樣去模仿對方，這麼做就是利用**「對於和自己態度相同的對象較有好感」**的心理。

但是，如果模仿得太過分，可能會使對方感到不悅。使用這個技巧時，必須拿捏模仿的程度。

利用「類似性法則」獲得他人好感

若能找出相似點就能給予對方親切感，如此一來應該也能為戀情加溫。

模仿動作

看到對方翹腿也跟著翹腿，對方端起咖啡來喝的時候，也跟著端起杯子來喝。

模仿說話的聲調

必須注意不要讓人覺得有嘲諷的感覺。

模仿說話速度

當對方放慢說話速度，自己也跟著放慢速度。

＊**鏡像反射**（Mirroring） 觀察並模仿對方的動作，例如姿勢、腳步、點頭方式、衣著或手勢、呼吸等。這個技巧的訣竅就是必須自然，不可以被對方發現自己刻意在模仿。

11

選擇和自己個性完全相反的對象

藉此補足自己欠缺的特質

過度互補的危險

前一章提過選擇相似的對象當做伴侶稱為**配對假說**（➡P234），相對地被自己欠缺的特質吸引則是互補性*。

互補性如字面所示，就是兩人能夠**補足彼此欠缺的特質**。舉例來說，一位完全不擅長整理家裡的女性，和愛乾淨的男性交往，就是典型的例子。在這個例子裡，對男性而言，受到女友依賴及崇拜，可以提升自我評價，確實是件愉快的事情。而站在女性的角度來看，自己不擅長的事情全都由對方一手包辦，這樣的伴侶簡直就是難能可貴。總之，這兩人的關係可說是**各取所需**。

但是，對這個例子中的女性而言，男方單純只是個解決問題的角色。當女方過於依賴男方，而沒有形成互相幫助的關係，最終還是不會有好結果。

過度依賴的互補性，會讓雙方養成**依賴體質**，此時他們心裡的想法可能是這樣：「沒有他幫忙，我一個人什麼事都不會做」或是「沒有她，我就感受不到自己的價值」。這樣的關係，到最後只要其中一方心生不滿，就無法再繼續維持下去。

因相似而相識，因互補而結婚

承上所述，剛認識的兩人，還看不出互補的重要性，但若是走到結婚這一步，就必須考慮兩人是否具備互補性。例如一位缺乏經濟觀念的男性，就必

＊**互補性** 瑞士心理學家榮格針對「互補性」提出的看法表示，外向的人其實在無意識之中，都希望有內向的人來彌補自己欠缺的特質，反之亦然。

須找一位擅長管理家計收支的女性做為結婚對象。

但是，如果一開始就以互補性做為選擇交往對象的考量，很可能變成只考慮自己利益的利己主義者。**互補性必須在兩人關係進展到一定程度之後，才會有升溫的效果**。總之，兩人**因為有共通性而相識，關係進展到一定程度後，就必須考慮是否具備互補性**。

散發危險氣息的男人，總能吸引到女人

我們經常聽到人家說，女性都喜歡散發危險氣息的壞男人。當我們詢問女性，理想的男性條件為何，有些人會說「**溫柔**」，但也有些人光是這樣還不夠，她們希望男方還必須「**有點壞***」。

情緒不穩、帶點危險氣息的男性，有時會讓女方捏一把冷汗，同時卻又因緊張的感覺而心動不已。其實這樣的男性，完全熟知如何**攻陷女性的技巧**。

他們在追求女性時，願意付出一切努力，這樣的做法對女性而言非常有效，特別是**情竇初開、戀愛經驗不多的女性，對這種強勢的男性更是難以抗拒**。

女性（特別是年輕女性）其實經常都在追求刺激，有點壞的男性正好能夠滿足她們這項心理需求，也無怪乎這類型的男人特別受歡迎。

心理學小常識　什麼樣的男性給人安全感？

在考慮結婚對象時，比起有點危險氣息，還是有安全感的男性比較受女性青睞。因為結婚後，她們就不再追求捏一把冷汗或小鹿亂撞的感覺。那麼，什麼樣的男性具有安全感呢？以下介紹幾個例子。

- 溫柔體貼
- 什麼話題都能聊
- 相處起來很輕鬆，可以展現真實的一面
- 誠實又有責任感
- 不固執，可以商量
- 對金錢的價值觀相同
- 具有決斷力

＊**有點壞**　二〇〇五年日本有一句流行語是「有點帥大叔（ちょいモテオヤジ）」，但是男性時尚雜誌《LEON》提出另一種「有點壞大叔（ちょいワルオヤジ）」也極受歡迎，意指有點像不良少年的中年男性。

12

阻礙愈多的戀情愈堅定

誤以為反對聲浪愈強烈，愛情就愈深厚

羅密歐與茱麗葉效應

首先為各位介紹劇作家**莎士比亞**＊的作品**《羅密歐與茱麗葉》**，故事發生在西元十四世紀，在義大利一座名為維洛納的城市中，蒙特鳩與卡帕萊特兩大家族，有著世代相傳難以化解的血海深仇。然而蒙特鳩家族的獨生子羅密歐，和卡帕蒂特家族的獨生女茱麗葉，兩人卻陷入熱戀。由於兩大家族仇恨難解，兩人只好暗地結為夫妻。

此時，羅密歐的摯友墨古修，被卡帕蒂特夫人的外甥堤伯特殺害，氣憤難平的羅密歐殺死了堤伯特之後，被處以流放之刑。而茱麗葉的父親也逼迫她嫁給帕里斯伯爵，為了逃避這段婚姻，她喝下假死的毒藥，並且舉行了葬禮。深信茱麗葉已死的羅密歐，在她身旁服毒自殺。從假死狀態醒來的茱麗葉，看見羅密歐橫死在身旁，悲痛之餘舉起短劍自殺身亡。

這部悲劇，訴說著一對戀人在雙親（雙方家族）反對下，硬生生被拆散。但愈是困難重重，兩人之間的愛情就愈堅定。於是日後人們借用這部戲曲，將**愈是遭受阻礙，情侶愈不願分離的情況稱為「羅密歐與茱麗葉效應」**。

阻礙對愛情的作用如火上加油

當人們陷入情網時，要是遭受雙親或朋友反對，或是聽到別人批評另一半，心裡自然會產生反抗情

＊**莎士比亞**　一五六四～一六一六年。義大利劇作家，著作有四大悲劇《哈姆雷特》、《馬克白》、《奧賽羅》、《李爾王》，另外還有《威尼斯商人》及《仲夏夜之夢》等傑作。

緒，反而會讓兩人之間的愛意更深厚。總之，**愈是加以干涉，就會讓當事人愈執著自己的想法，對愛情產生火上加油的作用**。

另外有一種心理狀態，愈是被禁止，人們就愈想去嘗試，這種情況叫做**心理抗拒**＊。

此外，奧地利精神分析學家**佛洛依德**說過：「**想要提高原欲，就必須加上一些阻礙**」。「原欲（Libido）」是佛洛依德由拉丁文借用的詞彙，也有人譯為性欲或性衝動，在他的學說中意指驅動人類性本能的動力。

難以得手的「得不到最美效應」

多次告白仍不肯點頭的女性，會讓人覺得愈得不到，愈顯得充滿魅力，俗稱「得不到的最美」。

1 向心儀的女性攀談。

↓

2 提出約會邀請。

↓

3 再次邀約。

＊**心理抗拒**（Psychological reactance） 當自己的意見或行動受到他人限制、強迫變更的時候，引發反抗心理而更加固執己見的情況。反抗期的孩子身上特別容易看到這種現象。

13

喜歡上自己幫助過的人

「因為喜歡對方才幫忙」這種想法是認知失調所致

為了解除心中的矛盾

在連續劇或電影中，被救助的女性愛上救命恩人，或是男性愛上自己幫助的女性，這樣的劇情應該很常見（就算劇中兩人只是初次見面，也會墜入情網）。

為什麼這種情況大都會發展出新戀情呢？因為人們普遍認為，**自己是喜歡對方才會出手相助**，若對方是討厭的人，就不會伸出援手。如果**明明很討厭某人，卻出手幫助對方，此時內心想法和實際行動就會產生矛盾**，進而引起不自在和不愉快的心情。於是，為了解除矛盾，人們就會告訴自己：「我是喜歡對方才伸出援手」。這種**為了解除矛盾的心理變化，就稱為認知失調理論**＊。

工作期限即將截止，某位女性眼看著就要開天窗，因此她拜託某位男性幫忙，男方心裡想著：「為什麼我要答應她呢？」於是，這位男性開始分析自己的行為，「我不可能去幫助一個自己討厭的人」→「所以我喜歡這個人」→「若非如此，我的行為就會充滿矛盾」，最後他便以這個結論說服自己。

另外一個例子，有一位女性想跟男友分手，卻又藕斷絲連。從旁人的眼光來看會認為：「想分手隨時都可以提出，為什麼一直拖拖拉拉不說清楚呢？」但本人是這麼想的：「想分手又分不了，就是因為自己還愛著對方呀」。這種想法，或許只是

＊**認知失調理論**　美國心理學家費斯廷格（Leon Festinger）提出的理論。吸菸者將自己的行為正當化，或者當自己的想法被否定時，堅信是對方搞錯，這兩種情況都是典型的實例。

她為自己的優柔寡斷找的藉口而已。

認知失調理論的運用

善加利用這個理論，可以讓心儀的對象對我們產生情愫。

以各位女性讀者為例，倘若妳對某位男同事有好感，在工作上不必出手去幫助他，反而要找機會請他幫忙。如此一來，他心裡會想：「我這樣一直幫她，應該是喜歡上她了吧」。或許可以因此成功展開一段新戀情。

認知失調理論譜出戀曲

認知失調是指為了不讓自己的行動和心理產生矛盾，編織一個理由來説服自己。在這樣的心理狀態下，就有可能萌生愛苗。

1 有一位女同事工作做不完

↓

2 此時你對她伸出援手

因為喜歡才幫忙 = 協調狀態	討厭對方卻出手相助 = 失調狀態
↓ 這樣的想法並不會產生矛盾	↓ 與協調狀態互相矛盾，心裡不愉快

14

擁有相同的驚險經驗而陷入戀情

錯誤歸因讓人誤以為那是心動的感覺

看比賽或是去遊樂園玩，特別容易墜入情網

近年來，運動酒吧林立，我們經常可以看到一群陌生人，聚在一起為自己支持的球隊加油。而且也常聽到在那種場合，和偶然坐在旁邊的異性成為好朋友。

歡喜的時刻、興奮的時刻或不安的時刻，人體會分泌腎上腺素＊**，心跳加速，就像小鹿在胸口亂撞。**這種現象稱為**生理覺醒狀態**。

這種心跳的感覺，會讓人誤以為是戀愛時小鹿亂撞的心情，若是當時身邊剛好有一名異性，很可能就產生戀愛情愫。這種誤會就稱為**錯誤歸因**＊。

在遊樂園裡容易陷入戀情的情況，也很有可能是受到錯誤歸因影響。因為遊樂園裡有許多設施，像是雲霄飛車或鬼屋，都會讓人感到驚險或恐怖，同樣的，去觀賞會讓人心跳不止、手心冒汗的動作片，也會有同樣的效果。

興奮的感覺消退之後，戀情也會跟著降溫

但是，因為錯誤歸因成為情侶的男女，興奮狀態只能維持一時，在**興奮感消退的同時，戀情大多也會跟著冷卻**。總之，這樣的情侶最終會分手的機率也非常高。因為奉勸各位，即使處於興奮狀態，也不可以失去冷靜觀察對方的能力。

＊**腎上腺素**　由副腎髓質分泌的一種荷爾蒙，流入血液之後會造成心跳加快、血壓上升，一般人對腎上腺素的認知是會造成精神亢奮。

利用「吊橋實驗」來驗證緊張與愛慕之意

加拿大心理學家達頓與阿隆，利用吊橋做了一個實驗，證明錯誤歸因確實會讓人容易陷入戀情，這就是有名的「吊橋實驗」。

實驗方法 分別在兩處溪谷進行實驗，請男性受驗者走過一道橋，到達對岸之後，女性受驗者會對男性說：「如果想知道實驗的詳細說明，請跟我聯絡」。接著將聯絡方式交給男方。最後再統計渡橋的男性，實際上有幾位和女性受驗者聯絡。

高度70m的吊橋

高度3m的堅固橋樑

結果

	由A處通過吊橋	由B處通過堅固橋樑
打電話給女性受驗者	39%	9%
打電話給男性受驗者	9%	5%

結果通過吊橋的男性與女方聯絡的人數，較通過固定橋樑的男性還多。反之，將受驗者的性別對調，進行相同實驗的話，結果也是相同。

生理覺醒狀態
渡過吊橋時直冒冷汗的緊張感

＋

女性受驗者
身邊剛好出現一名異性，滿足應有的條件

→

愛慕之心
由於錯誤歸因的作用，將緊張感誤認為戀愛的感覺

＊**錯誤歸因**　錯將其他事由當做真正的原因。「歸因」意指推論發生在自己身上或環境之中，各種現象及行為的原因，並藉由推論過程來分析自己與他人的內在特質。

15 跟蹤狂的心理狀態

自戀型與反社會型人格異常

最早的跟蹤狂、色情狂

近年來，向警方通報**跟蹤狂***（Stalker）的案件數量激增，其中發展為殺人事件的案例也時有耳聞。**最早的跟蹤狂**發生於一八三八年，法國精神科醫師埃斯基羅爾將其命名為「**色情狂**（Erotomania）」，這時候的定義是指對名人懷抱浪漫的愛慕之意與妄想。

但是，現代的跟蹤狂，都是以身邊的人（特別是女性）為目標。想跟喜歡的人在一起，是任何人都會有的想法，但跟蹤狂會執拗地纏住目標，監視對方的一舉一動。要是無法達成願望，便會對目標懷抱強烈的恨意。

跟蹤狂不認為自己是加害者

成為跟蹤狂的人，心理幾乎都有很大的問題，他們完全不管對方會不會討厭，一味做出超乎常理而且叫人難以置信的行為。他們**經常幻想在意中人心中，自己是不可或缺的存在**。而且，跟蹤狂**根本不認為自己是加害者**，甚至還認為「**自己被拋棄**」、「**對方無視自己的存在**」，**儼然就是以被害者自居**。他們依賴心非常強烈，認為要是失去目標，自己也活不下去。

跟蹤狂是**人格異常**引起的行為，簡單來說，就是人格超脫常軌，進而影響到社會生活的狀態，其中又分為自戀型人格異常與反社會型人格異常。

＊**跟蹤狂**　日本從一九九〇年代起，開始廣泛使用這個稱呼，之前都稱為「精神變態者」，二〇〇〇年制定跟蹤狂限制法。

自戀型人格異常有兩種，一種是「過度警戒型」，另一種是「無自覺型」。跟蹤狂屬於**「無自覺型」**，對他人的反應感覺遲鈍，具有攻擊傾向，只考慮到自己，完全無法接受被他人傷害。

反社會型人格異常者，做什麼都不會感到良心苛責，能夠冷靜地做出違法和犯罪行為。

以上兩種人格異常都不是精神疾病，依法判定具有行為能力，因此跟蹤狂必須接受法律制裁。

跟蹤狂的種類

遭受跟蹤狂騷擾的對象多為女性，其中又以二十至三十歲最常見。跟蹤狂分為以下兩個種類，各位可事先了解特徵，做為日後選擇戀人的參考。

戀愛、復仇型

- 最常見，同時也是受害案例最多的種類，成因多半是戀愛關係破裂，遭受打擊而心生不滿，進而燃起報復心態並採取實際行動。
- 執著於「無法忘懷」、「想要永遠陪在身邊」這樣的想法，最後演變成跟蹤行為。

名人型

- 原本單純是名人的粉絲或追星族，喜愛的心情愈發不可收拾，做出調查地址、電話號碼等脫序行為。
- 以社團、職場或學校等團體中受歡迎的人為目標。
- 隱藏自己的身分進行搔擾。

16

迷戀「草食系男子」或「爛人」

跟草食系交往很輕鬆，不知為何就是離不開爛人

不要期待草食系男子會採取行動

草食系男子*意指不堅持「男子氣慨」，個性老實、與世無爭的男性，近年來有增加的趨勢。他們的條件不至於不受女性歡迎，但就是不會積極去追求。平常表現得無欲無求，不會花費多餘的精力去做非必要的事情。

這些草食系男子，意外受到女性喜歡。因為他們看起來人畜無害，相處起來不像一般異性那麼有壓力。但是，**做為戀愛對象時，草食系男子就會讓女性感到無法滿足**。再怎麼說，女性還是喜歡男性能夠積極一點，而草食系男子看起來卻優柔寡斷，什麼事情都無法決定。但在重要的關鍵時刻，還是希望他們能夠展現應有的強硬態度。

不管等待多久，草食系男子都不會積極行動，因此有些女性等得不耐煩，反過來猛烈追求，化身為**肉食系女子**。

想幫助「爛人」的女性

「爛人*」簡單來說就是「一無是處的男人」，沒有工作，整天無所是事，或者一天到晚換工作，花錢如流水，像個小白臉般賴在女人身邊。但是，仍舊有不少女性死心塌地愛上這種男人。就讓我們來看看，什麼樣的女性會離不開「爛人」呢？

首先，是**自我評價極低的女性**，因為她們看不起自己，所以會認為：「像我這種女人，也只配得上

*****草食系男子** 二〇〇六年，專欄作家深澤真紀在《日經 Business》連載中創造的詞彙，二〇〇八年女性雜誌《non-no》曾以此為主題出版特輯，二〇〇九年被選為流行語大賞前十名。

那種男人而已」。算是一種自暴自棄的想法。

獨立自主的「好女人」，不知為何也經常被「爛人」吸引。通常這些女性心裡的想法是這樣的：「只要有我在，他至少不會餓死」、「想要幫助他」，這是一種**「助人症候群」**。

這些優秀的女性，是身邊人人稱羨的對象，所以平常故作堅強。於是，長久以來，她們都將自己軟弱的一面封閉起來。直到某天面前出現了一名如窩囊廢的男人，毫不掩飾地展現出無能的一面，反而讓那些優秀女性產生一種幾近於憧憬的情愫。

愛上「爛人」的女性

「爛人」就是一無是處的男人。愛上這種人的女性，通常會聽到朋友說：「天啊！妳怎麼會看上這種人？」但她還是無法自拔。

對自己評價極低的女性

「反正我什麼事都做不好， 配這種男人剛好」

- 過去不曾被雙親誇獎，成長過程中只是一味被否定。
- 自幼飽受欺侮及虐待，沒有被愛的經驗。

助人症候群，對生活充滿無力感的女性

「我不照顧他不行」

「和他在一起的時候， 我才能展現真實的一面」

- 從小就是資優生，認為自己必須照顧身邊每個人。
- 優秀的女性從不向身邊的人示弱，總是壓抑軟弱的一面以及內心的恐懼。遇到專門吃軟飯的「爛人」，反而被那種生活態度吸引。

＊**爛人** 二〇〇〇年，週刊雜誌《SPA!》開始連載一部漫畫名為《爛人向前行（だめんずうぉ～か～）》，作者是倉田真由美。內容是介紹一些總是愛上爛人的女性，「爛人」這個詞也是由這部漫畫開始使用，並開始廣為流傳。

戀愛的顏色理論「六種愛的形式」

加拿大心理學家李約翰提出愛情有六種顏色（種類），並且命名為愛情形式（Love Style），這個理論被稱為「戀愛色彩理論」。讓我們來看看，自己是屬於哪一種類型吧。

李約翰的六種戀愛形式

李約翰將六種愛情形式以色相環（將不同顏色依色相關係排列成環形）的概念，繪製成一張環狀圖。首先將戀愛的基本形式歸類為情欲之愛、友誼之愛、遊戲之愛三類，三種基本形又混合成狂熱之愛、利他之愛、現實之愛。在這個圖形中，各種形式的相關位置十分重要，位置相近的愛情形式個性較合得來，處於對角位置的愛情形式，在個性上較不契合。

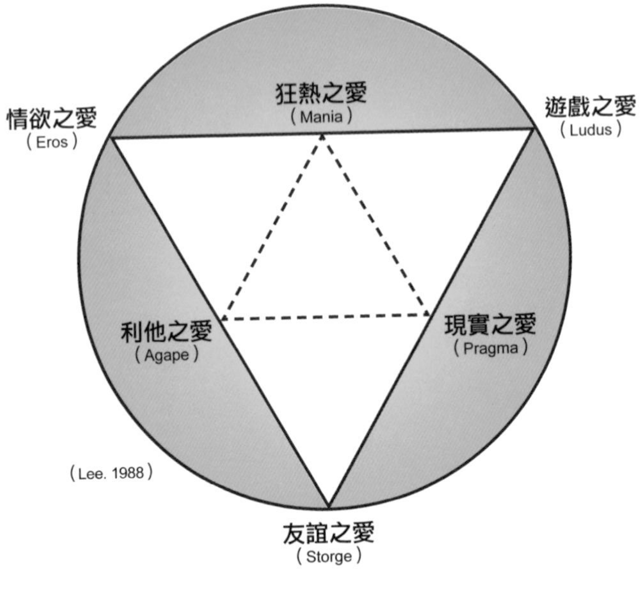

遊戲之愛⇔利他之愛

屬於遊戲之愛的人們，認為奉獻一切的利他之愛總是鬱悶得叫人厭煩，與那類型的人交往一點也不快樂。而利他之愛的人們，則無法允許將愛情當做遊戲。

現實之愛⇔情欲之愛

將愛情當做道具的現實之愛，和戀愛至上主義的情欲之愛，兩者若是交往，將形成水火不容的局面。

友誼之愛⇔狂熱之愛

追求友誼之愛的人，配上占有欲及嫉妒心強烈的狂熱之愛，兩者即使交往也完全無法理解對方。

✦狂熱之愛（Mania）

一頭栽進愛情中的類型，個性激情，占有欲、嫉妒心強烈。對自己沒有自信，若是對另一半產生不信任感，不安的情緒往往會引起身體上各種症狀，例如：食欲不振等。

✦遊戲之愛（Ludus）

將愛情當做遊戲，以享樂為第一考量。外表冷酷，不執著於一名交往對象，經常周旋多位異性之間。不太有嫉妒情緒或占有欲，不喜歡他人侵入自己的私領域。

✦現實之愛（Pragma）

這類型的人認為愛情裡不需要浪漫，面對愛情仍舊精打細算，追求對自己有利的戀情，因此交往對象大都是有社會地位及經濟能力的人。心裡有一套設定好的基準，用來選擇另一半。

✦友誼之愛（Storge）

認為愛情需要長時間培養，因此較重視友情。內心極少有強烈的嫉妒情緒，即使和另一半長時間分開生活，也不會感到不安或痛苦。人生目標是和某人結婚，共組家庭。

✦利他之愛（Agape）

認為愛情是無私的奉獻，能夠為了對方犧牲自己，甚至不愛惜自己，將一切都獻給對方。若是覺得對方和自己以外的人在一起會更幸福，就會默默退出。

✦情欲之愛（Eros）

戀愛至上主義，追求一見鍾情或浪漫的愛，喜歡為戀人寫詩或寄信給對方。交往初期就希望發生肉體關係，但每一段感情都持續不久。

男女親密度的確認方式

在公司裡看見站著說話的一對男女，敏感一點的人馬上就會察覺：「那兩個人應該在交往」。其實，從男女之間一些細微的互動，都可以推測出他們之間的親密程度。利用這一點來鍛鍊自己的觀察力，相信對人際溝通勢必有所幫助。

CHECK POINT 1 相視時的感覺

情侶的情況

男女間互相凝視的時間愈長、次數愈多，代表親密程度愈高。一般來說，普通朋友在交談時，都是相互望著對方。但情侶之間相處時，卻時常保持沉默，相對地互相凝視的時間也較長。

其中一方單戀的情況

喜歡一個人的時候，即使對方只是很正常地說話，還是會不自覺目不轉睛盯著看。

CHECK POINT 2 姿勢與身體的方向

兩人相視而坐的頻率愈高，就代表親密程度愈強。例如，即使坐在公園的長椅上，兩人仍舊側身面對面說話，代表關係十分親密。腳尖與手的方向也是觀察的重點，如果朝向對方，就是感興趣的證據。

CHECK POINT 3 兩人的距離

關係愈親密，兩人之間的距離就愈靠近。併肩坐在公園長椅上的時候，如果兩人的肩膀相距二十公分以內，代表關係親密。相對的，相距超過二十公分以上，可以說是相敬如賓的關係。

CHECK POINT 4 姿勢反響

和他人毫無保留地交談，藉此建立起信賴關係後，動作和表情也會愈來愈相似，這樣的現象稱為「姿勢反響」。總之，當兩人的手腳位置或動作十分相似時，便可以推測他們相當親密。例如，男方翹起腳之後，女方也跟著翹腳。

CHECK POINT 5 翹腳的方式

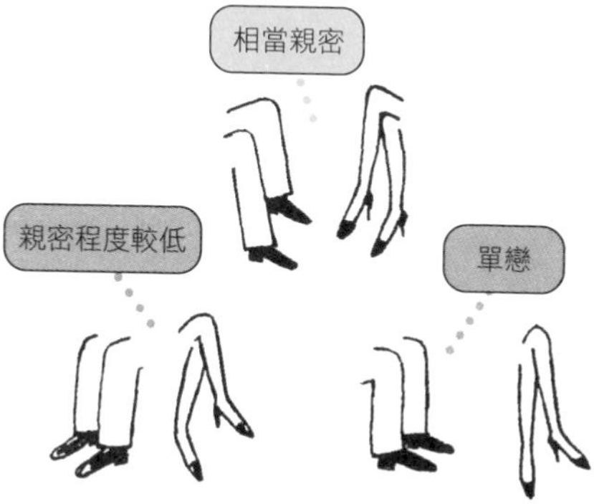

兩人並肩而坐而且都翹腳的時候，倘若兩人腳尖都朝向對方，代表關係親密。相對的，兩人各自朝不同方向翹腳的話，代表兩人親密程度較低。只有一方腳尖朝向對方，就表示那個人正在單戀。

CHECK POINT 6 肢體接觸

親密程度愈高，兩人之間的肢體接觸（Body touch）就愈多。在日常生活中，鼓勵他人時經常會拍拍對方的肩膀，這個看起來很自然的肢體接觸，代表兩人關係不錯。觸碰對方的背部，是有點親密的感覺，挽起男方的手或是兩人牽手則是親密的象徵。

十四劃

十五劃

十六劃

十七劃

十八劃及以上

九劃

十劃

十一劃

十二劃

十三劃

七劃

八劃

INDEX

【用詞索引】

圖解人際關係心理學（二版）
搞好人際關係，不用靠關係！讀懂難以捉摸的人心，正面迎戰人際難題，讓自己更受歡迎
面白いほどよくわかる！他人の心理学

作　　者　澀谷昌三
譯　　者　李建銓
插　　圖　サトー・ノリコ 、平井きわ
繪　　圖　佐々木容子
　　　　　(KARANOKI Design Room)
原版編輯　peakone有限公司
封面設計　郭彥宏
版面構成　簡至成
行銷企劃　蕭浩仰、江紫涓
行銷統籌　駱漢琦
業務發行　邱紹溢
營運顧問　郭其彬
編輯協力　陳慧淑
責任編輯　何維民、賴靜儀
總 編 輯　李亞南
出　　版　漫遊者文化事業股份有限公司
地　　址　台北市103大同區重慶北路二段88號2樓之6
服務信箱　service@azothbooks.com
網路書店　www.azothbooks.com
臉　　書　www.facebook.com/azothbooks.read
營運統籌　大雁文化事業股份有限公司
地　　址　新北市231新店區北新路三段207-3號5樓
電　　話　(02) 8913-1005
訂單傳真　(02) 8913-1096
劃撥帳號　50022001
戶　　名　漫遊者文化事業股份有限公司
二版1刷　2023年5月
二版3刷(1)　2023年10月
定　　價　台幣450元

ISBN　978-986-489-795-7

國家圖書館出版品預行編目 (CIP) 資料

圖解人際關係心理學 : 搞好人際關係, 不用靠關係! 讀懂難以捉摸的人心, 正面迎戰人際難題, 讓自己更受歡迎 / 澀谷昌三著 ; 李建銓譯. -- 二版. -- 臺北市 : 漫遊者文化事業股份有限公司, 2023.05
256 面 ; 14.8×21 公分
譯自 : 面白いほどよくわかる! 他人の心理学
ISBN 978-986-489-795-7(平裝)
1.CST: 人際關係
177.3　　112006461